ÉDITO

La TERRE est le milieu où vivent les hommes et poussent les plantes.

Elle est notre planète et la terre – son sol – compose les continents sur lesquels s'épanouissent les environnements qui façonnent nos cadres de vie.

La terre nous protège et nous nourrit, nous passionne et nous inspire avec toujours le même dessein : donner le meilleur d'elle-même. À qui sait le voir…

Nous, jardiniers des plantes et des mots, souhaitions nous en faire l'écho.

Les pages de ce nouveau magazine ont donc la terre pour fil conducteur. Une terre féconde, généreuse et inspirante que des hommes et des femmes façonnent, valorisent et magnifient avec passion pour révéler ce qu'elle a de meilleur.

Le meilleur de la terre pour rêver nous emmènera dans des lieux d'exception, où créateurs et artistes accordent l'art au paysage.

Le meilleur de la terre pour s'inspirer nous fera découvrir des jardins remarquables et décryptera la manière de les aménager, offrant ainsi de multiples sources d'inspiration à ceux qui souhaitent embellir leur lieu de vie.

Le meilleur de la terre pour savourer présentera les produits du terroir et tracera le portrait des artisans, agriculteurs et chefs qui cultivent, transforment et subliment les trésors de la terre.

Le meilleur de la terre pour s'initier dévoilera les savoir-faire artisanaux, les bonnes pratiques de jardinage et les destinations culturelles pour cultiver son esprit créatif, son jardin et son âme de voyageur.

Si la terre est le milieu où vivent les hommes et poussent les plantes, ***Milieux*** est désormais le magazine qui lui est dédié, avec pour vocation de révéler, faire connaître et partager ce qu'elle nous offre de meilleur.

Bonne lecture
Pierre Nessmann

SOMMAIRE

Milieux n° 01

COUVERTURE
L'illustration de David Lanaspa est inspirée d'une scène de jardin issue d'une réalisation conçue par les paysagistes Erwan et Gurvan Tymen *(page 50)* et photographiée par Philippe Perdereau.

RÊVER

S'INSPIRER

SAVOURER

S'INITIER

Little Greene
Little Greene
Little Greene®
PAINT & PAPER
FINE PAINTS & PAPERS IN ASSOCIATION WITH
National Trust
De nos ateliers à votre intérieur
En tant qu'entreprise familiale, nous savons exactement ce qui entre dans la composition de nos peintures. Nous fabriquons des peintures écologiques dans notre propre usine située sur les contreforts de Snowdonia, dans le nord du Pays de Galles, en utilisant uniquement des ingrédients de la plus haute qualité. Ceux-ci sont mélangés par notre équipe dévouée qui crée des peintures aux magnifiques couleurs utilisées depuis des générations.
Showroom Little Greene
21 rue Bonaparte 75006 PARIS Tel: 01 42 73 60 81
« Demandez gratuitement des échantillons de papiers peints et des nuanciers, ou trouvez le revendeur le plus proche sur littlegreene.fr »
Service de conseils couleurs à domicile et en vidéo
Little Greene
littlegreene.fr

Paroles données

Jardinier, artiste, chef étoilé, homme politique… Des personnalités de tous horizons livrent leur regard sur la terre, source d'inspiration ou d'émotion.

Architecte paysagiste, jardinier, poète des jardins méditerranéens

Le meilleur de la terre évoque pour moi la matrice, le ventre, le creuset… là où se crée la Vie ! Un monde sombre, invisible, où s'unissent le froid et le chaud, le léger et le lourd, un microcosme, témoin de l'univers, comme message d'équilibre et de générosité.

www.jeanmus.fr

Cuisinier, jardinier et poète

J'ai un véritable lien charnel avec la terre. Celle de mon premier jardin potager créé en 1992, puis, aujourd'hui, celle des jardins du Kobelsberg. Dominé par la montagne et entouré de vignobles, dont le grand cru Schœnenbourg, son sous-sol argilo-calcaire doublé de marnes à gypse a fait la richesse de Riquewihr (68) depuis le xve siècle. Avec son sol, vivant et fertile, que je respecte et cultive depuis des décennies selon les principes de la permaculture, j'obtiens des légumes, herbes, fleurs et fruits d'exception. Leurs saveurs révèlent une densité et une sucrosité naturelle, une profondeur de goût et une longueur en bouche étourdissantes. C'est ce terroir que je transpose dans les assiettes de la Table du Gourmet. Pour cela, il m'aura fallu aller outre les enseignements de la cuisine traditionnelle, opérer un changement radical de ma manière de cuisiner, prendre conscience que la terre est vivante et intégrer le jardin dans mon métier de cuisinier. Aujourd'hui, c'est donc le jardin qui, en plus de fournir nos cuisines en produits frais et bio, me donne le tempo, m'inspire et me permet de partager, avec mes convives, le meilleur de ma terre.

www.jlbrendel.com (1 étoile et étoile verte au Guide Michelin, 3 macarons Écotable)
/jeanluc.brendel

Artiste, auteure, compositrice et interprète

La terre m'évoque la mère, la toute-puissance !
Elle est si généreuse avec nous, tandis qu'envers elle, hélas, nous nous montrons si ingrats !
Sa résilience me fascine, sa capacité à renaître de nos erreurs, de nos entêtements, de nos folies est incroyable. Il me suffit de penser à la catastrophe de Tchernobyl pour illustrer cette force. Alors que les alentours de la centrale furent vidés de leurs habitants, trente-sept ans plus tard, la terre reprend ses droits et la végétation s'y épanouit, malgré la persistance des radiations ! Sur terre, je pense que nous ne sommes que des invités, pourtant nous nous comportons en propriétaires qui en veulent toujours plus ! Quand la terre s'affole, perd ses équilibres, nous rentrons la tête, attendons que « ça passe » et ne faisons rien… Cette unique planète où nous pouvons vivre, nous pardonnera-t-elle un jour ou se révoltera-t-elle une bonne fois pour toutes ?

www.mariannejames.fr */mariannejamesofficiel/*

XAVIER EMMANUELLI

Médecin, cofondateur de MSF (Médecins sans frontières), fondateur du Samu social de Paris et International, ancien secrétaire d'État de l'action humanitaire d'urgence

La terre est belle.
Lorsque les premiers cosmonautes ont découvert la Terre au-delà de l'atmosphère, ils ont fait à cette occasion une expérience unique, presque sacrée. Bien sûr, ils savaient ce qu'ils allaient voir. Depuis des siècles, les cartes, les dessins et les estampes avaient décrit le globe terrestre sous tous ses aspects, mais ce qu'ils avaient sous les yeux, c'était une vision surhumaine, une vision telle que les dieux pouvaient en avoir, la Terre vue du ciel.
Ce qu'ils voyaient les bouleversait : quelle beauté, se disaient-ils, cette agate bleutée, vivante, flottant sur ces abîmes si noirs, si profonds qu'elle en semblait palpitante, fragile et solitaire. Désormais, tous les astronautes découvrent cette vision qu'ils appellent l'*overview*, la beauté totale. Mais cette beauté, en comparaison de quoi ? De rien : la Terre est belle en soi.
Le père Joseph Wresinski (1917-1988), le fondateur d'ATD-Quart Monde, qui œuvrait parmi les exclus, les exilés du bidonville de Noisy-le-Grand, disait en substance : *« Le beau est le début de l'insertion. »*
À ces relégués, ces abandonnés, il faut du beau, les fleurs du jardin, des prairies bruissantes d'abeilles, d'augustes paysages… Comme le fait dire Dostoïevski par Hippolyte Terentiev au prince Mychkine dans *L'Idiot* : *« La beauté sauvera le monde »*, la beauté inhérente à l'existence terrestre.

www.xavieremmanuelli.com

YOYO MAEGHT

Éditrice, galeriste et commissaire d'exposition

La terre, pour moi, est tout à la fois celle des jardiniers et celle des artistes, cette matière qu'ils façonnent, qu'ils modèlent et qui, sous les mains de génies comme Joan Miró avec le céramiste Josep Llorens i Artigas, prend vie et devient œuvre d'art.
Ces sculptures de terre, porteuses de tant d'émotion, ne sauraient prendre toute leur dimension et bénéficier du rayonnement qu'elles méritent en restant dans l'intimité d'un atelier. Là intervient un autre type de terre, celle pour une autre culture, la terre d'accueil. Pour ma part, ce sont les terres de Saint-Paul-de-Vence (06), là où mon grand-père Aimé Maeght a édifié sa Fondation pour ses amis artistes. La construction de ce lieu dédié à l'art contemporain, immergé dans une nature préservée, utilise, elle aussi ce que la terre offre de meilleur, la terre des bâtisseurs. Aussi, à la Fondation, les briques de sable rose provenant de la fabrique voisine de Clausonnes habillent les façades et les pierres ocres extraites du sous-sol tracent les restanques du *Labyrinthe Miró*. Ainsi, la terre n'est pas qu'une matière où poussent les plantes, c'est aussi une matière qui traduit, permet et exprime l'imagination, le talent et les rêves des hommes.

www.yoyomaeght.com www.fondation-maeght.com /yoyomaeght/

ALIX DE SAINT VENANT

Jardinière, botaniste et créatrice du potager de Valmer

Depuis des décennies que je cultive le potager de Valmer (37), je considère qu'il faut nourrir la terre pour que, en retour, elle nous nourrisse et nous donne le meilleur d'elle-même.
Le meilleur se traduisant par une production de légumes et de fruits plus nombreux, savoureux et goûteux ! Mais nourrir la terre, c'est aussi lui rendre ce qu'elle nous a donné. Lorsque vous récoltez des légumes et des fruits, vous extrayez de la matière, certes en infime partie, mais vous prélevez des éléments physiques. En retour, si vous n'apportez rien, non seulement la terre s'appauvrit sur le plan organique, mais elle diminue de volume. La nourrir, c'est donc lui redonner physiquement ce que l'on a prélevé. Enfin, bénéficier du meilleur de la terre, de ses bienfaits, c'est pour moi garder un contact corporel avec elle en la travaillant à main nue…

www.chateaudevalmer.com /chateaudevalmer/

« Le bout du monde et le fond du jardin
contiennent la même quantité de merveilles. »

— Christian Bobin, écrivain et poète —

RÊVER

DES AMBIANCES TOUT EN BEAUTÉ

Les jardins Sothys, en Corrèze, ont été conçus pour révéler les émotions et les sens du visiteur à travers des atmosphères variées. Au long d'un parcours où le bien-être est roi, ce lieu enchanteur, labellisé « Jardin remarquable », offre une véritable invitation au voyage.

PAR JEAN-MICHEL GROULT • PHOTOS PHILIPPE PERDEREAU

Pour l'Atelier Callarec, cabinet de paysagisme animé par Pascal et Cécile Callarec, il n'y a qu'une façon de réussir un jardin : le penser en fonction de son environnement. C'est ce principe qui a prévalu dès 2009, lors des premières rencontres avec Bernard Mas, le fondateur de Sothys, marque de produits cosmétiques haut de gamme présente à l'international. À cette époque, Bernard Mas souhaitait créer un lieu à Auriac, petit village corrézien dans lequel il avait des attaches familiales. Une jolie bourgade, tranquille (224 habitants au dernier recensement), dans laquelle le chef d'entreprise désirait laisser un héritage utile, un legs élégant et durable, d'où l'idée du jardin. Lors de la première visite sur place, Pascal Callarec se souvient : « *On nous a proposé de descendre jusqu'au fond du terrain, mais ce n'était pas vraiment la peine, car il n'y avait presque rien à voir si ce n'est une campagne préservée !* » En effet, le site lui-même était un peu nu, en contrebas de bâtiments existants. Un terrain, où quelques plantations avaient pourtant été envisagées, ne bénéficiait que de rares beaux arbres en lisière. Mais le site était enveloppé d'une nature

Les arbres bordant le terrain (des pins sylvestres) tissent une toile de fond aux plantations en lisière (ci-contre).

Ci-dessus, le miroir d'eau de l'escapade égyptienne assume sa formalité, comme une respiration dans le parcours du jardin.

Le jardin a été conçu comme une suite d'escapades aux multiples univers, où le végétal fait subtilement écho aux ouvrages d'art.

à la fois douce et tranquille. Le cadre était posé avec cet environnement verdoyant, si corrézien finalement. Cependant, il n'y avait en lui-même rien de ce que les paysagistes appellent le *genius loci*, ce « génie des lieux » qui vous tire par la manche et vous susurre ce qu'il faut implanter, où et comment. Pascal Callarec avait en quelque sorte les coudées franches pour donner une nouvelle dimension à ce lieu, encouragé par le propriétaire, lui-même très impliqué dans le projet, depuis la conception jusqu'au choix des végétaux. Comme il s'agirait du jardin d'une marque de produits cosmétiques, le bien-être et l'estime de soi en seraient donc le plus naturellement la trame. Il ne restait plus qu'à coucher ces idées sur un plan pour donner corps à un jardin accueillant et intimiste. La démarche de l'Atelier Callarec consista alors à se détourner des artifices superflus pour proposer un projet qui s'insère avant tout dans le site. Lorsqu'on l'interroge sur sa méthode, Pascal Callarec insiste sur la nécessité d'analyser les lieux, de faire une sorte de lecture du paysage. Ici, le terrain occupait 4 hectares, une superficie non négligeable, mais dont la pente faussait la

Une fois choisies, les plantations sont façonnées, à l'image de ces Miscanthus *déshabillés de leur feuilles basses (ci-contre, en haut), ou travaillés en vagues dans l'escapade velours (ci-contre, en bas).*

En contre-bas du site, des érables jouent avec la lumière autour de la cabane revêtue d'acier Corten (ci-dessus).

Dans l'escapade velours, les bancs de granit forment comme des alcôves surplombées par des végétaux au feuillage doux, se parant de riches couleurs à l'automne, à l'instar des sumacs de Virginie (Rhus).

“

L’écrin végétal ne cesse d’évoluer, entre flore sauvage et espèces horticoles dont l’équilibre est géré par une équipe attentive.

”

perception de l’espace, qui paraissait réduit. Et la mission était bien évidemment guidée par l’impératif de concevoir un jardin qui véhicule l’image d’un groupe prestigieux et de ses savoir-faire raffinés : il fallait mettre en œuvre une approche telle une « main douce », à la manière des professionnels des soins de beauté. Pascal Callarec a donc élaboré un jardin comme une promenade, qui offrirait ce qu’il appelle des « *escapades* », sortes d’univers organisés autour d’un fil conducteur en lien avec le domaine de la beauté et des soins. Il y a ainsi une escapade hydratante, qui accueille des végétaux de sol frais et où une brumisation apporte non seulement l’humidité mais un bruissement vaporeux, renforçant la singularité de cette partie du jardin. L’escapade blanche intègre, quant à elle, une tonnelle enveloppée de floraisons blanches et sertie de grands massifs de vivaces. L’escapade velours, de son côté, offre l’occasion de marquer une pause sur des bancs de pierre satinée – du granit poli – installés au cœur d’une végétation douce au toucher, telles les oreilles de lapin (*Stachys byzantina*). Autre escapade emblématique de l’attention portée au

Le jardin accueille des espaces formels, comme le grand massif bordant un mur en pierre sèche (ci-contre, en haut), ou la mixed-border lumineuse de l’escapade blanche (ci-contre, en bas).

Les allées sont larges (4 mètres !) pour permettre aux visiteurs de se sentir à l’aise (ci-dessus).

« Un jardin doit vous interpeller, vous appeler et vous inviter à vous y immerger jusqu'à s'y sentir bien ! »

corps, celle évoquant l'Orient, très différente dans sa conception puisqu'elle fait appel à un dessin régulier, bien plus strict et structuré. Ce jardin s'organise autour d'un bassin rectangulaire faisant office de miroir d'eau, profond de seulement 20 centimètres. Il est flanqué de végétaux rappelant l'exotisme et les jardins mauresques, tels des palmiers pindo (*Butia*) et des figuiers. Un grand rideau d'eulalies (*Miscanthus*) le sépare des jardins alentour sans pour autant l'isoler, grâce à la perméabilité visuelle que procure l'effeuillage de la base des graminées. Ce traitement particulier du végétal, imaginé par Pascal Callarec, illustre sa volonté de faire évoluer les plantes du simple statut d'ornement décoratif à celui d'éléments architecturaux. Ainsi, sous une apparente simplicité se cache une multitude de détails plus sophistiqués qui signent la marque du paysagiste. « *Il faut offrir plusieurs clés de lecture,* précise Pascal Callarec, *afin de satisfaire le plus grand nombre.* » Pari réussi, comme en attestent les douze mille visiteurs séduits chaque année par cette immersion dans l'écrin corrézien des jardins Sothys. Un bain de verdure dont on sort tout en beauté !

L'espace engage à se poser à l'ombre de figuiers dans l'escapade égyptienne (ci-dessus), ou sous des érables (ci-contre).

La base des troncs a été peinte, comme un clin d'œil aux vergers anciens, apportant aussi un contraste qui joue avec la lumière, particulièrement en fin d'été.

Rétroéclairées par des LED, les ChampiCabanes deviennent magiques à la nuit tombée. Ainsi, structure et tressage dévoilent la régularité du geste de leur créateur.

JARDINIER DE CŒUR, ARTISTE PAR PASSION

À la fois architecte et paysagiste, Claude Pasquer met un point d'honneur à se présenter comme jardinier : selon lui, les valeurs positives portées par le métier prennent tout leur sens dans nos sociétés en mutation.

PAR CÉCILE PAPAPIETRO-MATSUDA • PHOTOS ALEXANDRE PETZOLD ET CLAUDE PASQUER • ILLUSTRATIONS CLAUDE PASQUER

Dans son atelier, Claude Pasquer édifie les ChampiCabanes en tressant patiemment une corde sur une ossature en métal. Les ouvrages sont ensuite installés à demeure, à l'instar d'un village de bories du Luberon.

Lorsque Claude Pasquer se remémore sa petite enfance, c'est spontanément qu'il parle du jardin et du vivant : *« Dès l'âge de 5 ans, je jardinais. Je découvrais la nature et ma grand-mère m'encourageait déjà. »* Et c'est très naturellement qu'il développe une passion pour la connaissance des plantes, le poussant à abandonner une scolarité classique pour intégrer l'école Du Breuil (Paris), impatient d'apprendre. De l'horticulture au paysage, il est formé aux techniques du métier de jardinier professionnel. Il aurait pu s'arrêter là, mais c'était compter sans son appétence à se dépasser. Il poursuit un cursus à l'École d'architecture de Paris-la Seine et obtient son diplôme d'études fondamentales en architecture, avant de terminer ses études à l'École nationale supérieure de paysage (ENSP Versailles), d'où il ressort paysagiste DPLG. C'est sous la direction de Jean-Pierre Hardy que Claude Pasquer prépare son mémoire sur l'aménagement du territoire francilien, un paysage de 650 km^2. Mais l'étudiant d'alors, en quête d'immédiateté dans les résultats, a besoin de travailler à plus petite échelle, et c'est celle du jardin qui lui convient le mieux.

Durant sa formation en architecture, il est remarqué par Gilles Clément – que l'on ne présente plus –, qui lui propose de rejoindre son équipe. Claude Pasquer en parle avec enthousiasme : *« Les projets étaient géniaux, la transmission*

Doué d'un remarquable coup de crayon qui lui vaut d'animer des cours de dessin, Claude Pasquer esquisse à main levée chacun de ses projets.

Ci-contre, à droite : Le ChampiComposteur à Versailles, dans le Potager du Roi créé par Jean-Baptiste de La Quintinie, premier jardinier en chef du lieu.

« J'aime intervenir dans des lieux chargés d'histoire, la création d'un jardin, c'est une histoire humaine ! C'est un aboutissement, depuis l'expression des envies jusqu'à la vision du concepteur. »

folle et le tout dans la bonne humeur. J'ai la chance d'avoir eu des professeurs qui théâtralisaient leurs cours. Certains m'ont tendu la main. L'histoire de ma vie a été de saisir les mains tendues »

En véritable boulimique, Claude Pasquer aime engranger les connaissances pour mieux les partager. Si, selon lui, jardiner, c'est avant tout observer le vivant au sens large, il souhaite transmettre aux plus jeunes. Et sensibiliser la nouvelle génération passe instinctivement par le jeu, comme il l'explique : « *J'ai un univers assez enfantin. Je pense que les mentalités doivent changer ; en s'intéressant aux plus petits, on peut les éveiller au vivant par le biais d'un univers fantasmagorique.* »

Inspiré par son ChampiComposteur, imaginé en forme de champignon, symbole de longévité en Corée et en Chine, il crée la ChampiCabane. Cette interprétation de la cabane permet de regarder sans être vu. Réalisés en corde tressée sur des structures métalliques, cinq abris, dont deux à étage, fournissent aux enfants des points d'observation de la nature à travers les interstices des parois. Chaque format de cabane a une fonction : la plus exiguë devient coffre à jouets, quand la plus démesurée permet l'observation à plusieurs. Pour Claude Pasquer, ses ChampiCabanes sont un lieu de réunion ou de temps calme, en clin d'œil aux *Aventures d'Alice au pays des merveilles.*

Dans un esprit toujours aussi ludique, il a conçu avec la paysagiste Corinne Détroyat, sa complice depuis 2011, un jardin baptisé BioLabyrinthus, qui a voyagé du lac de Côme à Pékin, avant de s'établir en Touraine. Cette déambulation, de style classique à la française, est un outil pédagogique où la biodiversité est mise en avant, un enjeu défendu par le binôme. En 2019, le jardin est installé en Chine durant l'International Horticultural Exhibition Beijing China. Le projet fait cohabiter en toute harmonie les concepts opposés du jardin à la française et de la diversité des espèces vivantes. Un an plus tard, sa roseraie est retenue pour les zones de compétitions

Ci-contre, à gauche : Sur les rives du lac de Côme, le BioLabyrinthus déroule ses dentelles d'acier, éclairées de photophores le soir venu, pour illustrer le rôle indispensable de la biodiversité sur terre.

Claude Pasquer se réinvente au fil de ses jardins, en créant des univers oniriques qui plongent les visiteurs dans le pays de ses rêves de jardinier.

internationales à Beijing, où l'élégance à la française fait encore mouche. Si Joséphine de Beauharnais, passionnée par l'horticulture, développe les codes de la rose à son époque, Claude Pasquer a su perpétuer cette tradition au-delà des frontières. Ce jardin pérenne est le fruit de plusieurs idées : « *D'habitude, on part d'une topographie existante,* précise-t-il, *ce qui n'était pas le cas à Beijing. On a donc réfléchi à un vocabulaire classique, celui d'une forme modulaire théâtrale qui se déploie.* » Narrative, cette roseraie rend hommage à la rencontre amoureuse. Quatre types de porte sont imaginés : la porte qui permet de regarder sans passage possible évoque la découverte de l'autre ; la deuxième est une ouverture qui autorise la rencontre ; la troisième, recouverte de miroirs, symbolise l'amour l'infini ; l'officialisation du couple est représentée par la dernière, une alcôve dans laquelle on peut s'asseoir. Ce cheminement est bordé de roses qui passent graduellement du blanc au rouge, ultime symbole du romantisme. Pour la petite histoire, l'artiste raconte que Diya, son assistante chinoise, a rencontré son amoureux en parcourant l'installation.
Aujourd'hui, l'architecte paysagiste enseigne son savoir-faire là où il a acquis en partie le sien, à l'ENSP Versailles, notamment lors de son cours de dessin à main levée : « Les croqueurs de jardin ».
Depuis un an, il a élu domicile dans le Cher, où il construit un jardin, un projet parmi de nombreux autres qui lui offre la possibilité de former un apprenti en licence pro design des milieux anthropisés. Par ailleurs, sa réalisation avec Corinne Détroyat pour l'hôtel Droog d'Amsterdam lui a valu d'être sollicité pour travailler à un jardin situé sur les rives d'Istanbul.
Avec conviction, Claude Pasquer endosse ainsi plusieurs rôles, tous liés au jardin qu'il défend. Paysagiste, sculpteur et enseignant, mais jardinier avant tout, il œuvre à changer le monde à son échelle. Sa philosophie de vie est simple et généreuse : tendre la main, depuis trente ans déjà.

Ci-dessus : L'esquisse du projet de la roseraie de Beijing, installée en Chine en 2019, reprend les codes des jardins à la française très appréciés des Chinois.

Ci-contre : Réalisé en collaboration avec Matthias Meilland, créateur de roses à la renommée mondiale, la roseraie de Beijing est imaginée par Claude Pasquer comme une déambulation au cœur de l'art des jardins et du savoir-faire horticole français.

小心镜子

Le château, révélé de manière inédite par le photographe Alex MacLean, semble suspendu au-dessus de la Loire, tout comme Réservoir, *l'œuvre ci-contre de John Grade, l'est à la cime des arbres.*

Chaumont-sur-Loire

LE DOMAINE DES POSSIBLES

Hiver comme été, le domaine de Chaumont fait habilement rimer culture et nature, offrant une parenthèse hors du temps, aussi apaisante que stimulante pour le visiteur.

PAR NATHALIE DEGARDIN • PHOTOS ÉRIC SANDER ET ALEX MACLEAN

LE CHÂTEAU, UNE ARCHITECTURE QUI SUBLIME L'IMAGINAIRE DES ARTISTES

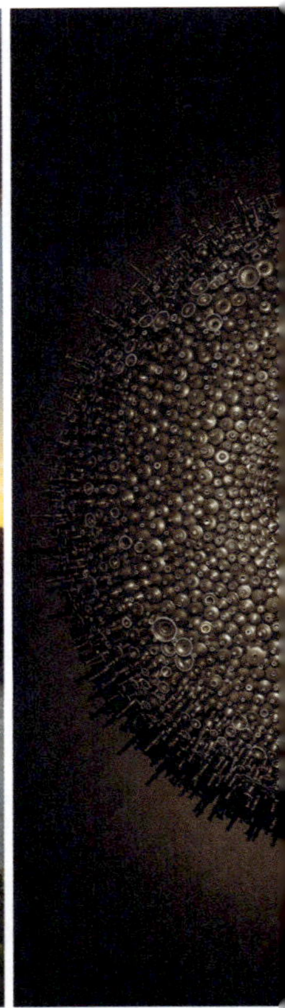

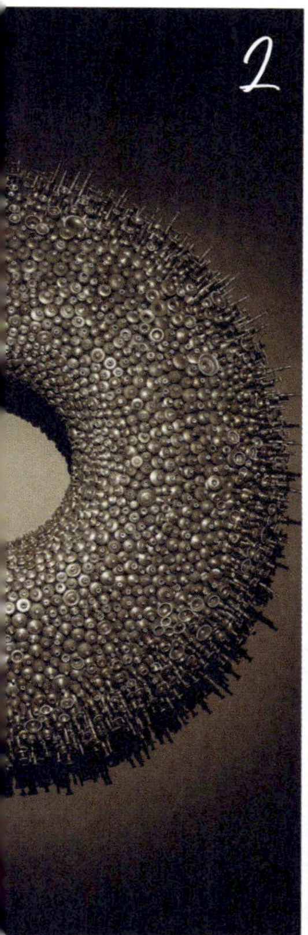

C'est un trésor en plein cœur du Val de Loire, en transformation permanente. À l'entrée du domaine trône un château à l'histoire trépidante, dont on repère les artefacts dans la combinaison de styles architecturaux : construit autour de l'an mil, cible de rancœurs, il fut détruit plus tard par Louis XI… puis reconstruit par Charles Ier et la dynastie d'Amboise, à la fin du xve siècle, avant d'attirer Catherine de Médicis et Diane de Poitiers. En parcourant les appartements réhabilités – Chaumont est l'un des châteaux du Val de Loire les plus meublés –, les grands rêveurs imagineront les déambulations ultérieures de Mme de Staël, Benjamin Constant et consorts, jusqu'à celles d'Édouard VII ou du maharaja de Kapurthala, invités par la dernière propriétaire, la princesse Henri-Amédée de Broglie : il se raconte qu'une éléphante s'est même promenée dans les jardins ! Malheureusement, l'excessive princesse devra se séparer du lieu : en 1938, l'État acquiert le domaine avec les pièces de collection, et de monument national, celui-ci devient domaine régional en 2007.

1. Vue sur la Loire.
2. Galerie des Écuries : exposition du céramiste Grégoire Scalabre, lauréat 2022 du prix de l'Intelligence de la main de la Fondation Bettencourt, Saison d'art 2023.
3. Tour du Roi : installation Le Fil infini, *du Sud-Coréen Lee Ufan, Saison d'art 2023.*
4. Escalier d'honneur du château : Satellites, *installations pérennes de l'artiste américaine Sheila Hicks, commande spéciale de la Région Centre-Val de Loire.*
5. Bibliothèque : Livres, *de Pascal Convert, séries issues de livres détruits dans du verre en fusion, Saison d'art 2020.*
6. Grange aux Abeilles : installation Être seul avec toi/To Be Alone with You, *de l'Irlandaise Claire Morgan, Saison d'art 2023.*
7. Lee Ufan.
8. Claire Morgan.
9. Pascal Convert.
10. Fabrice Hyber, l'« artiste quantique », expose des toiles mettant les arbres à l'honneur.

LE PARC, UN ÉCRIN DE VERDURE DÉDIÉ À L'ART CONTEMPORAIN

Genius Loci

Pour faire vivre une telle histoire tout en ancrant le lieu dans le présent, il fallait une main de maître, et une visionnaire : l'âme du site, c' est l' esprit énergique et sensible de Chantal Colleu-Dumond, directrice du domaine depuis plus de quinze ans. Invitant des artistes renommés et détectant avec flair les talents prometteurs, elle a multiplié les ouvertures de ce « centre d'arts et de nature » et accueille des expositions d' art contemporain toute l'année. Dans l' esprit de collection insufflé au fil des siècles, des installations pérennes habitent l'intérieur et l' extérieur, à l' instar de celles de l'artiste numérique Quayola, qui associe le pixel au pointillisme, de Sheila Hicks, dont les sculptures-paysages font vibrer les fils de soie et de laine, ou d'Eva Jospin, avec sa grotte *Folie* au cœur du parc. Dans ce vaste espace paysagé de 32 hectares (château compris), on s'enfonce donc pour se perdre, se promener ou contempler de spectaculaires points de vue sur la Loire.

L'art au jardin… et l'art des jardins

Selon son humeur, le visiteur commence par un parcours de land art, ponctué d'œuvres d'artistes majeurs, telles celles de Giuseppe Penone, Bob Verschueren et bien d'autres. Ou sillonnant les prés du Goualoup, paysagés par Louis Benech, il découvre des jardins thématiques dépaysants, qui font passer des rêveries asiatiques aux immersions africaines… comme si la terre entière devait se retrouver à l'unisson dans cet écrin de nature. Lieu de déconnexion, où l'imagination vagabonde, le domaine de Chaumont est

1. *Eva Jospin,* Folie, *2018.*
2. *Bob Verschueren,* Le Clan des voltigeurs, *2023.*
3. *Lionel Sabatté,* Chemins croisés, *2023.*
4. *El Anatsui,* Cire perdue, *2019 ;* Ugwu, *2016 ;* Xixe, *2014.*
5. *Le jardin miroir de Chantal Colleu-Dumond, réalisé par les jardiniers du Domaine.*
6. *Vladimir Zbynosky,* Esprit de la pierre, *2023.*
7. *Andy Goldsworthy,* Cairn, *2016.*

LE FESTIVAL DES JARDINS, UN LIEU D'EXPRESSION ARTISTIQUE ÉPHÉMÈRE

surtout un creuset de découvertes : parallèlement aux expositions temporaires est organisé chaque année un concours de jardins éphémères. Au fil des éditions, ce Festival international des jardins est une vitrine de l'inventivité des équipes de concepteurs, qui réunissent paysagistes, architectes, designers, et témoigne de l'importance de ce retour à la terre, comme source d'inspiration et de solutions. L'édition 2023 s'intéresse ainsi au « jardin résilient », à travers des réalisations qui proposent un regard résolument créatif et prospectif sur un « jardin kintsugi », où le végétal vient réparer les blessures du sol, sur d'ingénieux systèmes d'irrigation, ou encore sur la résistance au sec ou au gel… Ouverte d'avril à novembre, la manifestation bénéficie d'une durée assez exceptionnelle qui donne le temps à ces œuvres vivantes d'évoluer au fil des saisons, tout en étant admirées par un vaste public.

Un hôtel en osmose

Étant donné l'étendue des propositions du domaine, une offre d'hôtellerie s'imposait pour satisfaire un visitorat toujours plus fidèle. Dans un objectif de cohérence patrimoniale, l'architecte scénographe

1. « Demain tout ira bien », prix du Design et des idées novatrices 2023, conception Fabien Caumont, paysagiste, et Atelier Arzinc.
2. « Le jardin du Verstohlen », carte verte donnée à Cynthia Fleury et Antoine Fenoglio, 2023.
3. « Hortus Spei, le jardin d'espoir, » carte verte donnée à Evor et l'association Nantes est un jardin, 2023.
4. « L'arbre de vie », Laurence Aurejac, architecte DPLG, paysagiste-conceptrice et enseignante, Rachel Rouzaud, architecte DE, et Jean-Cosme Rouzaud, étudiant ingénieur, 2023.
5. « Le chant du sel », prix de la Création 2023, conception Félix de Rosen, architecte-paysagiste et auteur, Éric Futerfas, architecte, et Bruno Derozier, pépiniériste.
6. « Nids d'humain », carte verte donnée à l'artiste Catherine Cocherel, 2023.
7. « Le paysage microcosmique », carte blanche donnée au paysagiste James Basson.

1

Patrick Bouchain et l'atelier Construire ont rénové un corps de ferme qu'ils ont additionné de deux logis, et depuis le printemps 2022, Le Bois des chambres permet un séjour prolongé sur le site. Volontairement à taille humaine, cet hôtel accueille trente-neuf chambres « avec vue » aux noms poétiques et bucoliques – « buissonnière », « perchée »... –, comprenant des cabanes sur pilotis pour se réveiller littéralement « les pieds dans le jardin ».

Conçu en porte-à-faux sur une ancienne mare, le restaurant est couvert d'un large dôme en chaume – qui lui donne son nom –, en harmonie totale avec l'environnement. Orchestrée par Guillaume Foucault (ex-chef du Pertica à Vendôme), la carte est pensée comme une photo du territoire de la Loire, tant concernant les vins que les combinaisons revigorantes et gastronomiques, pour une cuisine qui porte haut la relecture du terroir.

Une offre audacieuse et écologique

Responsable de l'hôtellerie, Pascal Garnier insiste sur un fonctionnement général en écosystème, depuis le principe de réemploi qui a guidé une partie de la construction de l'ensemble hôtelier, jusqu'à la récupération de toutes les eaux, en passant par la gestion d'un verger expérimental, dans une logique d'antan pragmatique, adaptée aux enjeux actuels. Avec enthousiasme, il accueille à l'année une clientèle avide d'un « *bain de culture et de nature* », comme il l'explique : « *Les rencontres sont passionnantes, le public de Chaumont est un miracle de curiosité.* » Vous serez prévenus : Chaumont, on y vient... et on y revient.

1. Restaurant Le Grand Chaume.
2. Chambre au jardin, cabane sur pilotis.
3. Pour l'intérieur du dôme du Grand Chaume, les architectes ont recherché des tonalités proches des enluminures.
4. Chambre perchée, disposant d'un lit en alcôve et d'un petit salon.
5. Guillaume Foucault, chef du Grand Chaume.

ÉTRANGE SÉRÉNITÉ

Loredana Nemes pose sur la nature un regard empathique et humble. Empreints de mystère, les arbres qui habitent ses images sont avant tout bien vivants.

PAR NATHALIE DEGARDIN • PHOTOS LOREDANA NEMES

Graubaum *33, 2020, tirage gélatino-argentique.*

Graubaum *5, 2019, tirage gélatino-argentique.*

Graubaum *7, 2019, tirage gélatino-argentique.*

Graubaum *68, 2023, tirage gélatino-argentique.*

Graubaum *14, 2019, tirage gélatino-argentique.*

Graubaum *12, 2019, tirage gélatino-argentique.*

Graubaum *46, 2021, tirage gélatino-argentique.*

LOREDANA NEMES

Artiste - photographe

Si Loredana Nemes a posé depuis longtemps ses valises à Berlin, elle garde de son départ brutal de Roumanie, à son adolescence, un regard affûté sur le monde qui lui a permis de développer un instinct de la mise à distance, pour une meilleure appropriation : « *Normalement, je travaille en série, ce qui signifie que toutes les œuvres sont des processus de longue haleine* », explique-t-elle.
Sa pratique de la photographie argentique confère un caractère brut, authentique, au sujet : cette approche de l'art frappe par la noblesse qui se dégage de ses portraits, oscillant entre une pudeur poétique (série *Beautiful*) et une présence intense (*Blützeit*, sur les adolescents).
Avec la même écriture profonde, elle aborde l'île de Rügen, en mer Baltique : « *Je suis allée quinze fois dans cette forêt de hêtres sur l'île de Rügen, qui fait partie du patrimoine mondial de l'Unesco. Capturer le changement, le va-et-vient de chaque feuille et de chaque saison était l'un de mes objectifs* », confie-t-elle.
Baptisée *Graubaum und Himmelmeer*, sa série révèle un regard empathique sur la nature.
À l'aide de cadrages parfois décalés, la photographe retranscrit admirablement la beauté vulnérable de ces forêts, retrouvant dans les arbres aussi la dignité et la fragilité qui caractérisent ses portraits, comme autant de personnages habités :

« Les hêtres sont très sociaux, ils prennent soin de leur bien-aimé, connectés sous la terre. Ce sont des arbres très fiers, très robustes et résistants, à la croissance très lente. Ils m'ont appris la lenteur et je me suis sentie nourrie par eux. Mes images sont souvent composées comme des scènes, et les hêtres y jouent leur rôle. Comme nous le faisons dans notre vie. »

Exposition : du 18 novembre 2023 au 25 février 2024, Chaumont-Photo-sur-Loire, au Centre d'arts et de nature, Domaine de Chaumont-sur-Loire.

Ouvrage :* Graubaum und Himmelmeer, *par Loredana Nemes, éditions Hartmann, 2023, 112 pages.

« Pour faire un jardin, il faut un morceau de terre et l'éternité. »

— Gilles Clément, ingénieur agronome, jardinier et botaniste —

S'INSPIRER

ONDULATIONS VÉGÉTALES

entre terre et mer

En Bretagne, les paysagistes Erwan et Gurvan Tymen, père et fils, expriment une approche sensuelle et réfléchie du jardin, en phase avec le paysage.

PAR JEAN-MICHEL GROULT • PHOTOS PHILIPPE PERDEREAU

Dans un site exceptionnel et vu depuis la demeure, le jardin mêle compositions formelles et plus fluides qui, à mesure qu'on se rapproche de la mer, se raréfient pour s'intégrer harmonieusement au paysage.

Au mitan du jardin s'offre au regard soit la demeure bretonne jaillissant de nappes de graminées (en haut), soit, en se tournant, une échappée visuelle sur le littoral, bien au-delà du vieux chêne et des compressions végétales (en bas).

Aux confins de la baie de Paimpol, faisant face à la mer, un manoir dresse sa silhouette massive. Ceinte de murs qui la protègent des embruns mais la privent, en partie, des vues sur les environs, la demeure est entourée de longues parcelles s'étendant jusqu'à la grève dont certaines, aux alentours, accueillent encore des cultures légumières. Cependant, le terrain est vaste et suffisamment dégagé pour permettre au regard de s'échapper vers l'horizon maritime, là où il y a deux siècles les Paimpolais prenaient le large pour aller pêcher la morue.

Le décor est posé, aux Tymen de se l'approprier pour exprimer tout leur art d'aménager un jardin. Tymen, c'est plus que le nom d'un cabinet de paysagistes en Bretagne, c'est presque une marque. Erwan, le père, est secondé depuis plus de dix ans par Gurvan, son fils, poursuivant l'esprit et le style de la maison. En tandem, la démarche est intuitive, mais pas improvisée. Lorsqu'un propriétaire fait appel à eux, « *la première visite doit être l'occasion de raconter une histoire cohérente* », soulignent-ils. Par histoire, il faut comprendre un projet de jardin qui s'accorde harmonieusement avec l'esprit du lieu. Tout commence par une lecture attentive du site et de son environnement. Ici, il s'agit d'une vaste propriété s'articulant autour d'un manoir dont la stature impose quelques contraintes esthétiques et architecturales, mais c'est également un lieu du quotidien pour ses occupants : il faut donc tenir compte de leur mode de vie et de leurs passions, notamment équines.

Les Tymen ont débuté par l'aménagement du pourtour de la demeure, autrement dit l'espace sis à l'intérieur des murs. Ils ont choisi d'y établir l'atmosphère typique des vieux jardins clos de Bretagne, avec leur évocation d'humidité et de fraîcheur qui rend le minéral presque vivant, sous l'influence d'une végétation luxuriante adaptée à l'ombre.

Le propriétaire des lieux souhaitant disposer d'un espace de vie hors les murs, les Tymen ont dessiné une terrasse en bois. S'offrant au paysage, elle est cependant bordée d'une table de buis « *afin de la rattacher aux murs et de l'ancrer au bâti* », précisent-ils. Cet espace d'allure formelle est serti, en partie, d'une végétation profuse, constituée de graminées « *venant en quelque sorte dévorer la terrasse* ». Cette idée légitime plus encore l'impression que celle-ci comme la table végétale font partie intégrante du bâti. En outre, cela crée un contraste fort entre les formes massives et immobiles et les silhouettes légères qui s'animent au moindre souffle. C'est d'ailleurs là une des marques du style d'Erwan Tymen, qui insiste sur l'attrait supplémentaire de l'irisation des graminées.

Face à la richesse du décor enveloppant la maison, le reste du jardin paraissait assez vide. « *Il fallait donc recréer un parcellaire en divisant l'espace* », racontent les

“ Guidés par l'esprit du lieu, les paysagistes Erwan et Gurvan Tymen conçoivent des espaces dont le tracé découle de la lecture du paysage et de l'histoire du site. ”

"

Les ondulations végétales travaillées par les paysagistes font subtilement écho aux enrochements granitiques naturellement patinés par les déferlantes.

"

Les compressions végétales, à première vue fortes et imposantes, s'avèrent ensuite plus douces au regard grâce à leur forme sinueuse et, surtout, aux déclinaisons de vert qui rappellent les teintes des lichens, des algues et des laisses de mer habillant le littoral.

paysagistes, tout en rappelant que « *plus on s'approche du bâtiment, plus l'espace est structuré et planté d'essences "horticoles"* ». Aussi, dans le sens du terrain et sur les talus, ont-ils déployé des « *chaos végétaux* » ou des « *compressions* ». Les végétaux, taillés de façon régulière par un jardinier qui a parfaitement saisi l'esprit du projet, évoquent des blocs de granit, « *renvoyant à la nature que l'on rencontre sur le littoral* ». Cet élégant dispositif – ici encore, emblématique du style Tymen – assure une transition harmonieuse avec les cultures légumières qui bordent le terrain. « *Elles font partie intégrante du paysage paimpolais et il aurait été stupide de vouloir s'en priver* », expliquent Erwan et Gurvan Tymen,

"Silhouettes fluides et structures sculptées par l'homme ou le vent illustrent tout l'art de la confrontation végétale savamment mis en scène par les Tymen, père et fils."

La terrasse est plongée dans une mer de graminées, principalement des cheveux d'ange (Stipa tenuissisima), dont les épillets irisés de soleil viennent parfois s'immiscer entre les lames du parement en bois.

car pour eux « *la périphérie d'un jardin n'est pas accessoire. Elle doit être prise en compte et intégrée au projet* ».
Au cœur du jardin trône un vieux chêne à la silhouette tordue et singulière, mais si majestueuse. Ici aussi, cet élément végétal est incontournable et structurant. « *Il indique une séparation naturelle de la parcelle* » que les paysagistes ont prise en compte en dessinant, à son niveau, un rapprochement des compressions végétales, comme un goulet d'étranglement qui guide le regard vers un autre horizon. Ce seuil ouvre, en effet, sur l'espace dédié aux petits fruits qui termine le jardin. Ou plutôt, qui marque le début d'un autre univers, celui de la grève et de la mer. L'incontournable baie de Paimpol…

ENTRE LES MURS, L'AUTHENTICITÉ RETROUVÉE

- L'enceinte délimitée par les murs fait la part belle au minéral. Des rigoles de pluie matérialisées par des pavés clairs jusqu'aux parements en schiste des murs ou des ouvrages d'art, par exemple ici un vieux puits, rappellent les traditionnels jardins clos bretons.
- Les parements protégeant du vent comme du soleil offrent un microclimat humide et ombragé propice à la culture de végétaux d'ombre et de milieu humide, conduite conformément au style Tymen. Tables, sphères et bordures végétales s'opposent aux arbustes plus libres, tels les hortensias blancs 'Annabelle' cultivés dans d'anciens tonneaux coupés en deux.
- Pour embellir les ouvrages d'art en pierre naturelle, seul le blanc a le droit de cité. Les lysimaques de Chine (*Lysimachia clethroides*, en bas à droite), les rosiers 'Iceberg' et les *Hydrangea* 'Annabelle' (au centre) répondent à cette contrainte qui souligne, avec noblesse, l'élégance du manoir.

Dans l'intimité du jardin clos s'exprime l'ordre discret qu'exigeaient les petits jardins d'autrefois.

La nuée crème de la canche (Deschampsia cespitosa, une graminée) fait ressortir le blanc cassé des ombelles et de grandes vivaces, produisant un effet qui perdure jusqu'en hiver.

TEL UN PEINTRE ET SA PALETTE

Composer avec la vaste gamme de fleurs qu'offrent les vivaces, les arbustes et les graminées permet d'infinies combinaisons. Pour mettre en valeur les couleurs, il est judicieux de les associer en dégradé ou camaïeu et de jouer avec les contrastes en misant sur les silhouettes des inflorescences.

PAR JEAN-MICHEL GROULT – PHOTOS PHILIPPE PERDEREAU

*Le blanc des épis de cette molène (*Verbascum chaixii *'Album') est délicatement rehaussé d'une pointe mauve.*

Pour obtenir une allure chic, le blanc crème teinté de jaune pâle peut être préférable au blanc pur, à l'image de la céphalaire (*Cephalaria gigantea*), dont les boutons, les fleurs épanouies et fanées conservent leurs silhouettes pomponnantes.

1

2

3

4

Les tonalités de jaune, dont l'usage dans sa teinte vive et pure est plutôt difficile à mettre en scène, produisent des ambiances légères, fraîches et élégantes. Dans une composition, les floraisons jaune pâle captent idéalement la lumière, parfois mieux que le blanc.

5

Le cheveu d'ange (*Stipa*) [1] oppose ses vaporeux filets d'argent aux globuleuses fleurs jaune d'or de la sauge de Jérusalem (*Phlomis*) [2], alors que celles, minuscules et en chapelet, de la bermudienne (*Sisyrinchium*) [3] se font plus discrètes dans le décor. L'écume blanc pur des renouées (*Aconogonon*) [4] et les pampilles de la grande pimprenelle (*Sanguisorba tenuifolia* 'Alba') [5] gagnent à se mélanger aux inflorescences simples, jaune pâle lavé de vert du coréopsis 'Full Moon' [6]. Le blanc peut aussi s'illustrer par les exfoliations immaculées du bouleau, ici associé aux épillets soyeux des cheveux d'ange [7].

6

7

Le mauve, moins galvaudé que le rose, est tout aussi doux. C'est une tonalité qui se prête bien aux compositions majestueuses de vastes dimensions, mais plutôt à l'abri des lumières vives et fortes qui l'écraseraient.

Les grappes de fleurs moussues du céanothe 'Marie Simon' [1] offrent un contraste avec les rayonnantes échinacées (*Echinacea*) rose pourpré [2] et le pourpre vaporeux de l'origan commun [3]. Le pennisetum 'Karley Rose' [4] est l'une des rares graminées à épis colorés, remarquable par sa grâce légère. Les quenouilles de la pimprenelle 'Pink Tanna' [5] se parent de rose ou de rouge lie-de-vin selon la luminosité. Aérienne, la diascie (*Diascia personata*) [6] s'avère on ne peut plus diaphane. Chaque pétale de l'anémone du Japon 'Pamina' [7] semble peint à la main, se déployant autour d'une large couronne d'étamines jaune orangé.

Flirter avec le rose sans y tomber, c'est le propre du tandem constitué par les épis de la pimprenelle 'Blackthorn' et les ombelles de l'eupatoire 'Purple Bush'. Un duo d'inflorescences fortement contrasté qui sublime les formes.

En opposant le graphisme des inflorescences élancées et violines des plumes du Kansas (*Liatris spicata*) et les fleurs rayonnantes des échinacées ou les ombelles rose pâle des sedums, on crée un décor tonique que tempèrent les épillets vaporeux des graminées.

Reine de la transparence, la verveine de Buenos Aires (*Verbena bonariensis*) s'immisce partout grâce à ses tiges immenses mais fines. Pour produire cet effet de rideau couronné de bouquets denses de fleurs pourpre et mauve, elle doit être semée ou plantée en grand nombre.

Incontournables, les teintes bleutées sont les plus désirées, mais aussi les plus délicates à manier. Elles apportent de la profondeur à une composition, rehaussent les teintes les plus claires et ne sont jamais utilisées seules, au risque d'assombrir un massif.

Les épis isolés, compacts, pourpre bleuté de l'oreille de lapin (*Stachys byzantina*) [1] jaillissent d'un feuillage gris et cotonneux, tandis que ceux, bleu violacé, de la sauge de Russie (*Perovskia* 'Blue Spire') [2] s'en distinguent par leur finesse. 'Clive Greaves' [3] est une scabieuse à gros capitules d'allure champêtre aux pétales bleu clair. L'arbre aux papillons 'Nanho Blue' [4] s'émaille de goupillons indigo, couleur dont se parent également les longs épis denses de l'agastache 'Black Adder' [5]. Plus doux et plus épars, les épis de la baptisie (*Baptisia*) [6] accrochent la lumière, qui révèle, en massif, les silhouettes graciles des molinies, sauges de Russie et salicaires [7].

« L'heure bleue » porte bien son nom avec les pompons irisés d'or de la succise des prés (*Succisia pratensis*) en fin de journée. Proche de la scabieuse, cette plante bucolique, robuste et rustique colonise rapidement prairies et massifs champêtres.

Les quatre parois soudées à la main par l'intérieur sèchent en douceur, pendant une à deux semaines. Les feuilles de plastique sont ensuite retirées avant d'enfourner le pot pour la cuisson, qui dure une journée.

DES POTS XXL

De la sculpture monumentale aux grandes pièces plus fonctionnelles, Olivier et Isabelle Giroud ont su trouver l'équilibre idéal pour travailler leur matériau de prédilection : la terre.

PAR CÉCILE PAPAPIETRO-MATSUDA • PHOTOS ILLÉS SARKANTYU

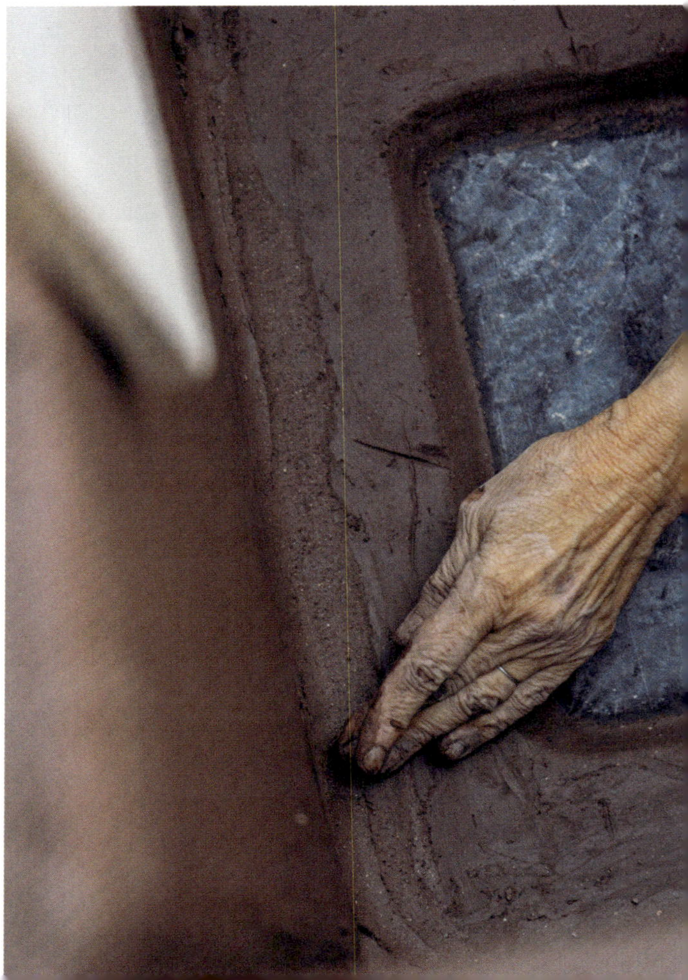

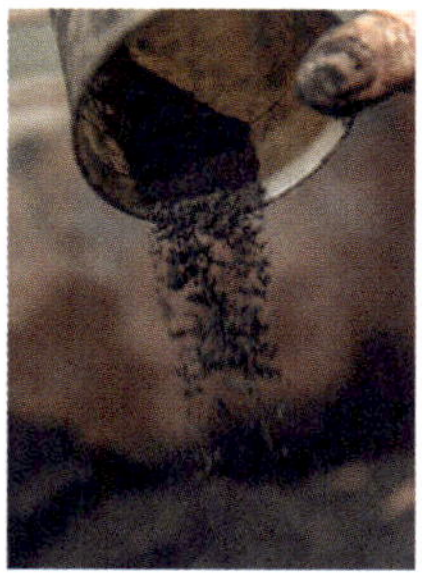

Dans l'atelier, chaque geste compte. De la pesée de la terre au lissage de la peau, en passant par le battage de la matière pour en retirer l'air, l'ajout des pigments ou encore l'émaillage, les étapes se succèdent dans un ordre suivi religieusement avant la cuisson des pots. Chaque pièce est mise en forme par plaques avant d'être travaillée à la main. Les mélanges d'argiles et de pigments offrent la possibilité d'une grande palette de couleurs naturelles qui s'adaptent à tous les jardins.

S'il n'y a presque qu'un pas entre la sculpture et la réalisation de pots en terre XXL, les Giroud sont partis de loin avant de se lancer dans l'aventure. Véritable binôme à la ville comme à la scène, l'une était spécialisée en sociologie et langues arabes quand l'autre avait étudié les sciences politiques. Et c'est par passion qu'Olivier Giroud se forme à la sculpture dans différents ateliers. Il s'essaie au métal, à Paris, et à la terre, au château de Ratilly (Yonne), un environnement particulièrement enthousiasmant grâce aux nombreuses œuvres d'art exposées. Olivier ouvre son propre atelier en 1969 à Vienne (Isère), où Isabelle le rejoint deux ans plus tard pour se modeler au métier. Ils développent alors la réalisation de pièces importantes destinées aussi bien à l'univers de la décoration qu'à celui de l'architecture. Durant quinze ans, la famille vit confortablement de ses sculptures.

Après avoir essuyé une crise à la fin des années 1980, le couple décide d'élargir sa palette créative aux grands pots en terre. C'est auprès de Daniel de Montmollin (dit « frère Daniel »), sommité en céramique et cofondateur de la communauté chrétienne de Taizé (Saône-et-Loire), qu'Olivier et Isabelle Giroud font un apprentissage poussé où la transmission du savoir-faire prend tout son sens.

Ils commencent à exposer leur production sous le nom de l'Orangerie. En sillonnant les manifestations, des Journées des plantes au domaine de Courson (transférées depuis 2015 au Château de Chantilly) à celles de Coppet en Suisse, l'entreprise se forge une belle réputation. Avec le soutien et l'aide de paysagistes de renom, tels Pascal Cribier ou Louis Benech, qui portent un intérêt particulier à leurs grandes pièces en grès, les portes de très beaux chantiers s'ouvrent au couple à partir de 1995.

Le choix de travailler la terre s'impose alors à eux. Entre cet élément vivant, sensible, souple et les modeleurs, le dialogue est permanent. La terre peut tour à tour se fendre ou s'effondrer, de nombreux paramètres conditionnent son maniement. *« Avec la terre, on est apte à tous les repentirs ! »* expliquent Olivier et Isabelle Giroud. Ils peuvent effectivement la remodeler à l'infini avant cuisson. Ce sont des terres chamottées qui sont utilisées à l'Orangerie, soit des

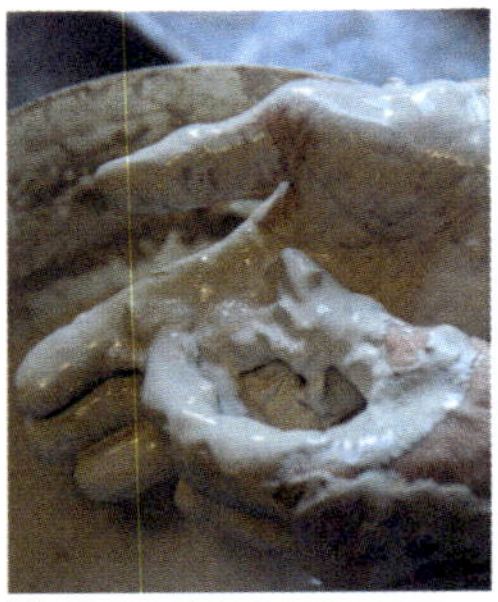

terres crues lisses mélangées à de la chamotte, une argile brute cuite « concassée ». Ce mélange permet de structurer la terre de modelage, réduit les tensions, évite l'affaissement d'une pièce au cours de sa confection et rend les modifications possibles avant le passage des pots au four. Avant cuisson, les rebuts des modifications effectuées sont tous réutilisables et l'atelier ne génère donc aucune perte, car la casse durant le séchage est très fréquente.
Différentes terres sont sélectionnées, notamment pour leur couleur. Autrefois, l'Orangerie se fournissait à Limoges. Aujourd'hui, la terre ferrugineuse aux tonalités rouges provient de Catalogne et d'Allemagne. Quant à la blanche, elle est issue de la Drôme. Si les Giroud sont fidèles à leurs sources d'approvisionnement, c'est parce qu'il faut beaucoup de temps pour apprivoiser une terre.
Au sein de l'atelier, les équipements ont tous été inventés et fabriqués par Olivier, qui adapte les matériels aux créations sur mesure de l'Orangerie. En témoigne une presse hydraulique réalisée pour la mise en forme des plaques en terre avant qu'elles ne soient soudées à la main. Ici, chaque pièce est quasiment unique puisque modelée manuellement. Isabelle détaille : *« Olivier est notre technicien enfourneur. Et comme il faut être au moins trois pour faire tourner l'atelier, nous formons depuis un an Adriano Gazzellini, un graphiste qui a pris goût à la terre et travaille avec nous tout en poursuivant son activité d'illustrateur. Il y a tant de commandes ! »*
C'est au long cours et encore une fois avec le soutien de paysagistes que le couple s'est formé à l'harmonie dans sa globalité. Formes, couleurs, dimensions, textures et proportions, tout est étudié *in situ* afin de rendre chaque jardin encore plus admirable.

Après avoir séché, les pots sont ensuite placés dans la cage d'émaillage où l'émail est projeté au pistolet, phase qui fragilise le matériau qui absorbe alors le liquide. Parfois surélevés à l'aide de pinces, ou empilés façon matriochkas, les pots sont déposés délicatement dans le four pour une mono-cuisson à 1 300 °C qui dure entre douze et quinze heures. Ce n'est qu'en sortant du four que la couleur est définitive. La terre ainsi cuite résiste à des températures très basses et très hautes.

« Nous avons un rapport de confiance avec les paysagistes qui font preuve d'une solidarité et d'un accompagnement précieux. »

« Tout le travail du cuisinier consiste à restituer une vision de la nature sans la dénaturer. »

— Anne-Sophie Pic, cheffe étoilée —

SAVOURER

Contrairement aux idées reçues, le sarrasin ne vient pas d'Afrique du Nord : il est exploité en Chine depuis sept mille ans comme culture vivrière. En France, il est surtout cultivé en Bretagne.

Le SARRASIN

Pour Bertrand Larcher, le sarrasin nous reconnecte à la terre, aux saisons, à la notion de beauté et de fragilité de la vie. Trente ans de pratique ont renforcé sa passion pour cette plante.

Méconnu, voire méprisé, le sarrasin a failli disparaître à la fin du siècle dernier. Bertrand Larcher le remet sur le devant de la scène, dans un hommage vibrant et un livre-manifeste, convaincu du rôle qu'il peut jouer dans notre transition écologique actuelle. Une plante séculaire, qui mérite toute notre attention.

PAR NATHALIE DEGARDIN • PHOTOS LOUIS-LAURENT GRANDADAM

Fils de paysan, Bertrand Larcher s'est forgé une écoute naturelle de la terre, dans le respect de son rôle nourricier. Ses origines bretonnes et son parcours d'artisan crêpier, puis de fondateur des restaurants Breizh Café, expliquent un véritable engagement pour le sarrasin. Trente ans de passion habitent son livre *Sarrasin* (Éditions de La Martinière), dans lequel il révèle la beauté de cette plante et la richesse de ses vertus culinaires et thérapeutiques, persuadé qu'elle mérite d'être remise à l'honneur.

Une plante qui traverse les siècles

Relégué aux oubliettes au cours du XXe siècle, le sarrasin est pourtant cultivé depuis des millénaires, ne serait-ce que pour sa croissance rapide – de la germination à la fructification, quatre mois suffisent après le semis pour que la plante se développe. Selon les chercheurs en archéologie rurale, des traces de pollen sur des sites néolithiques attestent qu'il faisait partie du biotope du territoire bien avant d'être cultivé, au XVe siècle, dans le sud du Cotentin. Très vite, il fait ses preuves comme nourriture de base, et surtout de survie. Les épidémies, disettes et famines des XVe et XVIe siècles ont certainement favorisé l'expansion de sa culture dans tout l'Hexagone, jusqu'à un désaveu récent : en 1862 en France, il est cultivé sur 740 000 hectares, contre seulement 22 100 hectares en 1968.
La mondialisation et l'industrialisation de l'alimentation ont certainement engendré cette désaffection : le sarrasin est une plante difficile à standardiser, mal adaptée à une agriculture intensive. Peu à peu, l'importation l'emporte sur le maintien de son exploitation, d'autant qu'il véhicule une image de nourriture paysanne, et non de cuisine moderne. S'il n'a pas disparu, c'est grâce au travail d'agriculteurs et meuniers motivés, et à des groupements telle l'association Blé noir Tradition Bretagne. Aujourd'hui, chaque année, 4 000 tonnes sont produites en Bretagne sur 3 000 à 4 000 hectares.

Une plante qui traverse les océans

L'appellation même de la plante relève d'un quiproquo fréquent sur son origine. Son nom suggère à défaut qu'elle est arrivée en France dans les bagages des croisés au Moyen Âge. En fait, ce serait davantage *via* les navires commerçants du littoral d'Afrique du Nord… où elle était déjà elle-même importée. En effet, le sarrasin est originaire de l'ouest de la Chine, où il est exploité depuis plus de sept mille ans ! Il a ensuite été cultivé au Népal, au Tibet, en Russie, au Japon… En France,

Le sarrasin est parfois considéré comme l'or des terres pauvres, par sa capacité à se développer sur un sol acide, caillouteux. Sa croissance est rapide, ce qui permet de programmer deux récoltes à l'année. Pour conserver ses qualités gustatives, il doit être moulu à la pierre.

« Le sarrasin n'est pas exigeant à cultiver : se passant d'engrais chimique, il repousse aussi les plantes invasives et les parasites. »

le sarrasin est dorénavant importé principalement de Chine, d'Europe de l'Est et du Canada. Notre pays produisant 30 % du sarrasin qu'il consomme, Bertand Larcher est convaincu du potentiel de développement d'une filière nationale, à commencer par une filière locale. Il a notamment encouragé un programme de culture biologique à travers le récent projet agraire Kouer Breizhat (littéralement « paysan breton »), que les ventes de son ouvrage contribuent d'ailleurs à financer.

Une solution à portée de main

Ne nous méprenons pas, le sarrasin ne fait pas partie de la famille des céréales, mais de celle des Polygonacées, il est donc cousin de la rhubarbe et de l'oseille. Aujourd'hui, trois variétés principales sont cultivées : le sarrasin argenté (ou « gris commun », dit « blé noir commun »), la Harpe (variété développée par l'Inra), et le sarrasin japonais. C'est du reste en terre nipponne que Bertrand Larcher s'est pris de passion pour le sarrasin, dressant une passerelle inédite avec sa Bretagne natale par le biais de ses activités culinaires. Artisan crêpier, il découvre les différentes formes sous lesquelles les Japonais consomment le sarrasin au quotidien, à l'instar des sobas, ces nouilles spécifiques. Léger, sans gluten, le sarrasin est facile à digérer. Comme les recettes de l'ouvrage en témoignent, il est utilisé pour des crèmes, des glaces, de la pâtisserie et du pain s'il est additionné

de froment. Il sert aussi de base pour des infusions, des whiskys, voire des bières. Toutefois, selon le Breton, l'intérêt du sarrasin dépasse ces usages culinaires à l'heure où les cultures se veulent plus attentives à la préservation de la terre : cette plante qui s'épanouit sur des sols acides, caillouteux, là où le blé et le maïs ne poussent pas, est une alternative à considérer. Non trafiquée pour l'agriculture intensive, elle est parfaitement adaptée à une culture bio : elle est elle-même son propre herbicide, se défend contre les parasites, repousse les plantes invasives et forme un « engrais vert ». Le sarrasin valorisant les terres pauvres, il peut servir avec l'orge et le seigle dans les assolements ; en outre, sa culture rapide, au printemps, permet de rattraper des pertes partielles de récoltes d'avoine, de blé.

Plante modeste dont l'image est associée durant des siècles à la survie, tant des hommes que des animaux, elle est maintenant reconnue par la recherche pour ses qualités nutritionnelles (apports en vitamines B, protéines, calcium, magnésium…), tandis que le miel qu'elle génère est réputé pour ses vertus antioxydantes et cicatrisantes.

Pour toutes ces raisons, le sarrasin répond aux attentes actuelles de production raisonnée, d'une culture diversifiée, de produits sains. S'il séduit par sa nature indomptée, il nous rappelle aussi à travers son histoire combien le maintien de la biodiversité est essentiel.

“ Bien que cultivé, le sarrasin garde en lui quelque chose d'originel. Comme s'il s'était simplement mis au service des humains, sans se dénaturer. ”

Développant de sublimes fleurs blanches, le sarrasin est une plante mellifère appréciée pour ses vertus thérapeutiques : le miel qui en résulte est réputé pour ses propriétés antioxydantes et cicatrisantes.

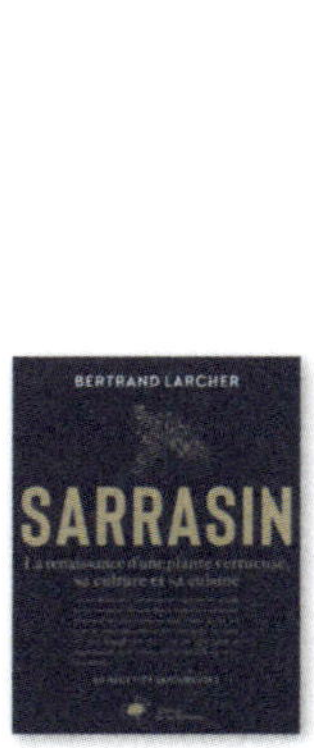

Sarrasin : la renaissance d'une plante vertueuse, sa culture et sa cuisine : 60 recettes savoureuses, *par Bertrand Larcher, photos Louis-Laurent Grandadam, textes Sophie Brissaud, Éditions de La Martinière, 224 pages, 2022.*

GAUFRES AU SARRASIN, MIEL ET SARRASIN TORRÉFIÉ

INGRÉDIENTS

60 g de farine de sarrasin
20 g de farine de riz
6 g de levure chimique
30 g de beurre
2 œufs
10 cl de lait
1 pincée de sel
45 g de sucre
Huile végétale pour le gaufrier
30 g de graines de sarrasin
Miel de sarrasin pour servir

POUR 4 PERSONNES
PRÉPARATION : 20 MINUTES
CUISSON : DE 4 À 5 MINUTES PAR GAUFRE

Tamisez les farines avec la levure. Faites fondre le beurre sans le cuire. Séparez les blancs des jaunes d'œufs dans un bol. Délayez au fouet les farines avec le lait. Incorporez, en fouettant, les jaunes d'œufs et le sel. Mélangez jusqu'à obtenir une pâte homogène.
Montez les blancs en neige. Quand ils sont mousseux, ajoutez le sucre et finissez de battre en neige pas trop ferme.
À l'aide d'une Maryse, incorporez délicatement les blancs en neige à la pâte en plusieurs fois.
Faites chauffer le gaufrier pendant au moins 3-4 minutes. Quand il est très chaud, huilez-le légèrement au pinceau et faites cuire les gaufres. Le temps de cuisson dépend du gaufrier ; on compte environ 3 à 4 minutes par gaufre.
Torréfiez les graines de sarrasin sur une plaque au four à 190 °C pendant 5 minutes, en remuant de temps en temps pour leur éviter de brûler.
Servez les gaufres chaudes, nappées de miel et parsemées de graines de sarrasin grillées.

GÂTEAU DE GALETTES AUX FRUITS FRAIS

INGRÉDIENTS

250 g de farine de sarrasin
25 cl d'eau
7 g de sucre semoule
+ 50 g pour la crème
250 g de mascarpone
250 g de crème liquide
Fruits frais au choix : fraises, kiwis, bananes…

POUR 4 PERSONNES
PRÉPARATION : 35 MINUTES
RÉFRIGÉRATION : 24-48 HEURES
CUISSON : ENVIRON 20 MINUTES

Mélangez à la main la farine de sarrasin, l'eau et les 7 grammes de sucre. Il faut taper la pâte afin qu'elle soit aérée : une fois qu'elle est homogène, soulevez-la et jetez-la plusieurs fois contre la paroi du récipient. Couvrez le récipient et laissez reposer entre 24 et 48 heures au réfrigérateur.
Quand le moment est venu de préparer les galettes, faites chauffer le billig à 250 °C. Délayez la pâte avec un peu d'eau et réalisez les galettes sur le billig. Laissez-les refroidir.
Dans un grand bol, mélangez le mascarpone et le sucre. Dans un autre bol, battez la crème à l'aide d'un fouet jusqu'à ce qu'elle soit ferme. Incorporez-la au mascarpone en plusieurs fois à l'aide d'une Maryse.
Épluchez les fruits et découpez-les en dés de 1 cm d'épaisseur.
Sur une assiette, déposez une galette, étalez-y un peu de crème et disposez des fruits sur toute la surface. Recouvrez d'une couche de crème, puis d'une nouvelle galette.
Répétez l'opération sur plusieurs étages, environ 6 a 8 couches, le gâteau ne doit pas être trop haut.
Couvrez de film alimentaire en étirant bien celui-ci de façon à exercer une pression sur le gâteau. Laissez prendre au réfrigérateur au moins 2 heures afin de faciliter la découpe.

BONBONS DE CARAMEL AUX GRAINES DE SARRASIN

INGRÉDIENTS

20 g de graines de sarrasin entières
60 g de sucre semoule
80 g de glucose
120 g de crème liquide
20 g de beurre demi-sel
2 pincées de fleur de sel

POUR 4 PERSONNES
PRÉPARATION : 30 MINUTES
CUISSON : 30 MINUTES
RÉFRIGÉRATION : AU MOINS 2 HEURES

Faites torréfier les graines de sarrasin sur une plaque au four a 180 °C pendant 10 minutes. Versez-les sur une assiette.
Recouvrez une plaque à pâtisserie de papier sulfurisé.
Dans une casserole, sur feu moyen, faites cuire le sucre a sec jusqu'à l'obtention d'un caramel bien coloré.
En même temps que vous faites cuire le caramel, dans une autre casserole, faites cuire sur feu vif le glucose, la crème liquide et le beurre demi-sel. Avec précaution, en vous éloignant un peu pour éviter les projections brûlantes, ajoutez ce mélange au caramel. Mélangez bien et continuez la cuisson jusqu'à ce que le contenu de la casserole atteigne 117 °C (aidez-vous d'un thermomètre). Ajoutez alors les graines de sarrasin torréfiées et la fleur de sel.
Retirez du feu et faites couler le caramel sur le papier sulfurisé en l'étalant avec une spatule : il doit avoir une épaisseur régulière d'environ 1 cm.
Laissez refroidir, puis gardez au réfrigérateur jusqu'à ce que le caramel soit bien rigide.
Sortez la plaque du réfrigérateur et découpez le caramel en bonbons de la forme que vous souhaitez.

Mis en lumière par les chefs, légumes rares, fleurs et fines herbes révèlent de subtiles saveurs et d'heureux mariages.

DU POTAGER AU FOURNEAU

En France, il existe une poignée de potagers gastronomiques contigus aux cuisines de grands chefs. La proximité des jardiniers qui les cultivent et des chefs qui en subliment les récoltes exige de tous une méticuleuse harmonisation, doublée d'une implication rare.

TEXTE ET PHOTOS LUCAS DELERRY

MAURO COLAGRECO, Le Mirazur (Alpes-Maritimes)

Sur les hauteurs de Menton, Le Mirazur domine la Méditerranée. À quelques mètres des cuisines, les cultures en terrasses du chef Mauro Colagreco s'accrochent à la montagne. Légumes, fleurs et plantes aromatiques s'échelonnent à différentes altitudes sous la canopée bienveillante des arbres fruitiers.
Dès l'aube, les jardiniers s'activent. Comme à l'accoutumée, ils reçoivent les requêtes des cuisiniers sur leur téléphone *via* une application qui a remplacé le traditionnel carnet. S'engage alors une course contre la montre : toutes les récoltes doivent être effectuées et livrées en trois heures. Autrefois jardinier au Mirazur, Nahuel di Gregorio le reconnaît : « *Dans le jardin, il faut vivre au rythme de la cuisine.* » Du chef de rang au sommelier, en passant par les commis de cuisine, tous prêtent main-forte aux jardiniers, notamment à travers les cueillettes hebdomadaires dans les trois potagers de l'établissement, conduits selon le système permacole. Le sol est vivant, les cultures sont nombreuses, ce qui permet d'associer les légumes, de les mélanger. Ainsi, les betteraves poussent avec les oignons, alors que les cerisiers jettent leur ombre sur l'oseille sanguine, accentuant le rouge de ses nervures. Et il en va de même dans l'assiette, où le chef étoilé, lui aussi, s'essaie avec bonheur à l'art des associations.

« La cueillette terminée, les denrées sont livrées à la cuisine du Mirazur dès 10 heures du matin pour y être immédiatement transformées, avant d'être présentées dans les assiettes. »

« Au-delà du potager, les cuisiniers de l'auberge s'égarent parfois dans la nature pour y glaner des fleurs qui finiront leur épanouissement dans une assiette. »

NADIA SAMMUT, La Fenière (Vaucluse)

À Cadenet, au pied du Luberon, l'auberge La Fenière s'élève au beau milieu d'un domaine de plusieurs hectares. Depuis 2015, à la table de son restaurant auréolé d'une étoile Michelin, Nadia Sammut veille à rétablir les fondements d'une gastronomie responsable.

Le potager de La Fenière s'établit en bordure de propriété, en contrebas d'un alignement de fruitiers et de l'oliveraie où s'enracinent une centaine d'arbres. Chaque année, les gelées printanières retardent les premiers semis, si bien que pour patienter, les membres de la brigade s'égarent dans le domaine et s'adonnent à des cueillettes improvisées de fleurs. Ces dernières constituent des ingrédients essentiels aux yeux de Nadia Sammut. Merisiers, soucis, roquettes ou bourraches, chaque espèce offre des pétales à la saveur caractéristique.

« *Mes terrains de jeu, ce sont le potager et les champs des producteurs que j'accompagne. Ce que j'apprécie, c'est de m'interroger et d'essayer de comprendre certains choix agronomiques et certains goûts* », révèle fièrement la cheffe, pour qui l'écoresponsabilité n'est pas un exercice de style mais un impératif quotidien.

À La Fenière, les bandes de cultures alignées entre la terrasse et la triplette de composteurs ne peuvent alimenter intégralement les cuisines, mais une chose est certaine : elles donnent aux assiettes une subtilité singulière.

SÉBASTIEN BRAS, Le Suquet (Aveyron)

Au sommet d'un mont d'Aubrac, Le Suquet se tient en équilibre. C'est là, entre les pâturages et les sapinières, que Sébastien Bras, troisième génération d'une illustre famille de cuisiniers aveyronnais, s'abandonne de temps à autre à la cueillette d'herbes sauvages.

Entre le printemps et le début de l'automne, les membres de la brigade se rendent, eux, tous les matins dans le jardin de Lagardelle, comme un rituel. La cueillette constitue une sorte de soupape de décompression durant laquelle ils se nourrissent des leçons botaniques et gustatives dispensées par Michel Bras, le père de Sébastien.

Au jardin de Lagardelle, des centaines de variétés s'épanouissent en plates-bandes alignées au cordeau. Elles proviennent des quatre coins du globe. « *Cela va du papalo et de l'épazote d'Amérique centrale au Sichuan de Chine, au Sancho du Japon et au rau ram du Vietnam* », explique Michel Bras. Le Suquet s'approvisionne d'ailleurs autant en bouquets de fleurs et en herbes aromatiques qu'en comestibles. Les chefs de rang papillonnent parmi les chefs de partie. Ici, tous mesurent le privilège dont ils jouissent. Et les cueillettes s'enchaînent, à l'unité près, pour que tout soit livré et fin prêt en cuisine, quelques heures plus tard, à l'arrivée du chef Sébastien Bras.

Ingénieur agronome et lauréat du grand prix de la Créativité au Concours de cuisine des grandes écoles à l'école Ferrandi, Lucas Delerry aime l'agriculture nourricière et la gastronomie vertueuse. En 2018, il sillonne la France pour découvrir vingt-quatre potagers attenants aux cuisines de grands chefs qui feront l'objet d'un livre dont sont extraits textes et photos de ce reportage. Des racines aux cuisines, *par Lucas Delerry, 238 pages, 2021. En vente sur www.lucasdelerry.fr.*

BEAUTÉS FRAGILES

Par sa maîtrise du clair-obscur, Franck Hamel dévoile en majesté plantes, fruits et légumes du potager, tout en rappelant subtilement leur caractère éphémère par un sens aigu du détail. Une écriture photographique qui sublime le jardin.

PAR NATHALIE DEGARDIN • PHOTOS FRANCK HAMEL

© Julien Mota

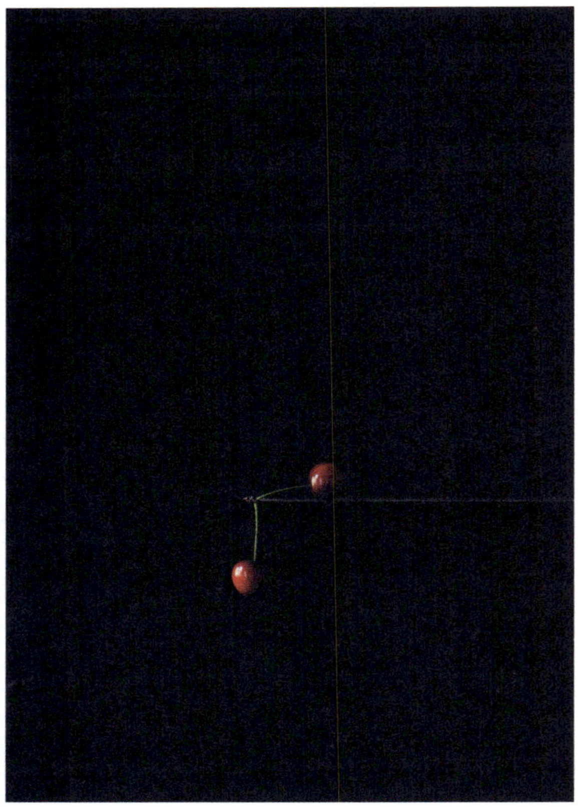

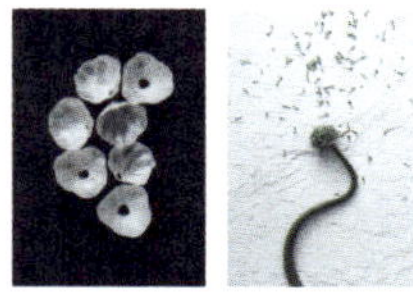

Ail — 2020
Fleur d'oignon — 2019

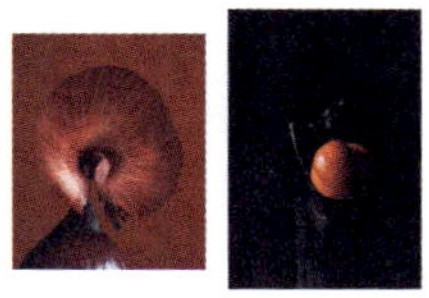

Oignon rouge
de Roscoff — 2022
Tomate — 2020

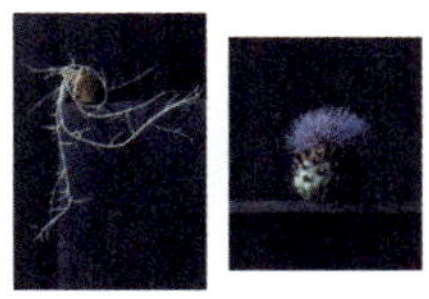

Éclosion de pomme
de terre — 2021
Cardon — 2020

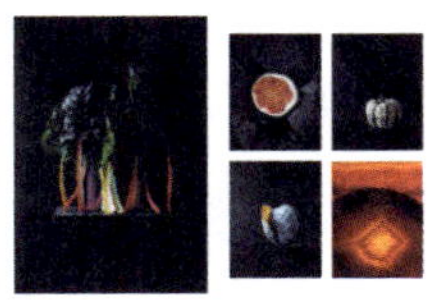

Blettes — 2020
Figue — 2016
Chou rouge — 2020
Patidou — 2020
Carotte sanguine — 2010

Navet violet — 2011
Artichaut — 2020

Radis Red Meat — 2020
Carotte violette — 2020
Cerises — 2020

FRANCK HAMEL Photographe

Enfant, déjà, Franck Hamel rêvait d'être photographe en s'imaginant une vie d'aventure. Des années de pratique autodidacte plus tard, un diplôme des Beaux-Arts de Rennes en poche, au gré des commandes des agences de presse, il baroude en Asie, où il est sensible aux nuances étonnantes d'une cuisine colorée ; puis au Maghreb, où il embarque pour des reportages en mer sur la pêche. Son virage en photo culinaire, il l'opère en 2010 en développant un travail d'auteur dans un domaine très prisé des studios. Il se démarque alors dans ce milieu spécifique en apposant une signature inattendue : la prise de vue en lumière naturelle. « *Elle est magique, c'est la plus belle. On peut la modeler* », dit-il. Très vite, ses photos réalisées au Hasselblad X2D séduisent : ses images ont un bruit, un grain, cette imperfection subtile qui, surtout, leur donne une poésie délicate. Comme il l'explique en souriant, il puise son inspiration au marché, en se nourrissant des formes et des couleurs qu'il y perçoit. Dans son atelier, ensuite, il décortique sa récolte : « *Je cherche des textures, je découpe, je taille.* » Entre ses mains, les fruits et les légumes deviennent des sculptures éphémères : il fige ses produits dans le temps, tel l'instant *t* d'une éclosion de pomme de terre. Bois sculpté dans la masse, feuille de pierre…, il choisit soigneusement les matières des fonds pour leur façon de renvoyer la lumière, afin de valoriser ces produits issus de la terre. Car loin d'un inventaire suranné, ses images célèbrent avant tout un amour profond du vivant.

→ *photographe-culinaire.net*

« Tout jardin est, d'abord, l'apprentissage du temps,
le temps qu'il fait, la pluie, le vent, le soleil, et
le temps qui passe, le cycle des saisons. »

— Erik Orsenna, écrivain et académicien —

S'INITIER

CYANOTYPE L'EMPREINTE BLEUE

De l'eau, des végétaux, une solution photosensible, et voici que le soleil fait rayonner la nature. Remis au goût du jour, le procédé du cyanotype métamorphose avec poésie de délicats feuillages en œuvres d'art.

PAR CLÉOPHÉE DE TURCKHEIM

L'histoire est belle, à l'image de la relation de Camille Soulayrol et Marie Vendittelli, deux amies de longue date qui travaillent dans le monde de l'édition et de la presse. Sensibles à la beauté solaire de ces planches botaniques d'un bleu de Prusse à la profondeur inimitable, elles décident de relancer le procédé du cyanotype et, surtout, de le rendre accessible à tous. Ce procédé s'inspire du « dessin photogénique », créée en 1841 par le scientifique britannique William Henry Fox Talbot (1800-1877), devenu l'un des pionniers de la photographie. Il constate qu'en plaçant un objet plat sur une feuille de papier sensible à la lumière et en l'exposant au soleil, la zone autour de l'objet s'assombrit.
La technique, encore imprécise, interpelle l'un de ses confrères, sir John Frederick William Herschel (1792-1871), qui, en 1842, a l'idée d'appliquer sur une feuille de papier une solution à base de sels de fer quasi incolores, composée de ferricyanure de potassium et de citrate de fer ammoniacal. Une fois enduite, la feuille est mise à sécher, avant d'être disposée sous un négatif puis exposée à la lumière. Il affine la méthode et invente alors le cyanotype. Ce procédé attise la curiosité de la naturaliste britannique Anna Atkins (1799-1871) qui illustre des ouvrages de botanique, dont la fameuse version anglaise d'*Histoire naturelle des animaux sans vertèbres*, de Jean Baptiste Lamarck (1744-1829), traduite par son père, John George Children (1777-1852).

« *La difficulté de faire des dessins précis de végétaux aussi minuscules que certaines algues,* expliquera-t-elle en 1843, *m'a incitée à utiliser ce formidable procédé du cyanotype créé par sir John Herschel, pour obtenir des répliques parfaites des plantes.* »
En disposant des fragments de végétaux sur du papier enduit de solution photosensible, le tout recouvert d'une plaque de verre – pour une manipulation plus facile et un rendu plus net –, et après une exposition aux UV, elle génère des planches botaniques. Elle réalise de cette façon plusieurs ouvrages de cyanotypes originaux. Aujourd'hui, il en subsiste au moins treize exemplaires différents. L'un d'entre eux et le plus complet est conservé en France, au Muséum national d'histoire naturelle.
Ainsi, d'une technique de reproduction d'objet améliorée par une solution photosensible, le cyanotype est devenu au XIXe siècle, grâce à un rendu d'une extrême précision, un procédé d'identification et de nomenclature du monde végétal. De la science à l'art, il n'y avait qu'un pas que franchissent Camille Soulayrol et Marie Vendittelli. Elles expérimentent cette incroyable et si poétique technique tombée en désuétude, qui mêle science et artisanat, et fabriquent puis exposent, en 2018, leurs premières planches. En 2022, elles détaillent alors le procédé du cyanotype dans un ouvrage, et proposent également un kit, offrant à tous la possibilité de créer des pièces uniques d'une beauté rayonnante.

“ Les pièces uniques, nées du patient travail de la main et du soleil, magnifient et transforment feuilles et fleurs reproduites à taille réelle en véritables œuvres d'art. ”

Les pièces uniques sur vélin sont réalisées dans l'atelier parisien de Camille Soulayrol et Marie Vendittelli à partir de végétaux grandeur nature, issus d'un long travail de recherche et de collecte, puis de séchage.

©Samuelle Rose

© DR.

"

Le procédé dévoile avec précision et comme par magie la morphologie secrète des feuilles et des fleurs, en révélant d'intimes détails de leur anatomie.

"

© DR.

© DR.

L'ouvrage Photographs of British Algae, *d'Anna Atkins, est une édition publiant les premiers cyanotypes qu'elle a elle-même réalisés. L'exemplaire original a appartenu à sir John Herschel, inventeur du procédé cyanotypique.*

© DR.

© Francis Amiand

Les végétaux utilisés sont le fruit d'un travail de recherche et de collecte puis de séchage, tel un herbier.

LE CYANOTYPE EN PRATIQUE

• La technique du cyanotype consiste à enduire un support (du papier ou du tissu) d'un mélange de deux produits : du citrate d'ammonium ferrique et du ferricyanure de potassium, à l'abri de la lumière. Cette couche photosensible d'une couleur tirant sur le jaune-vert pâle et quasi transparente est appliquée au pinceau. Il est à noter que les produits utilisés ne sont toxiques ni pour l'homme ni pour la nature.

• Les végétaux collectés, qui ont préalablement été séchés à plat selon la méthode de l'herbier, sont ensuite posés directement sur le papier en fonction de la disposition souhaitée. L'ensemble est alors exposé aux rayons du soleil, qui déclenchent le processus.

• Après cinq minutes d'exposition, correspondant au temps qu'il faut au soleil pour faire son œuvre, le processus est stoppé net par un simple rinçage à l'eau claire. Tout le produit appliqué sur le support disparaît. La solution ferrique atteinte par les rayons ultraviolets devient bleu de Prusse, alors que sous les feuilles, ayant fait barrage aux UV, le papier retrouve sa couleur d'origine. Les différentes tonalités de bleu s'obtiennent en jouant sur les temps d'exposition à la lumière. Plus le végétal sera resté sous les UV, plus sa forme apparaîtra en blanc sur le cyanotype.

www.invincibleete.com

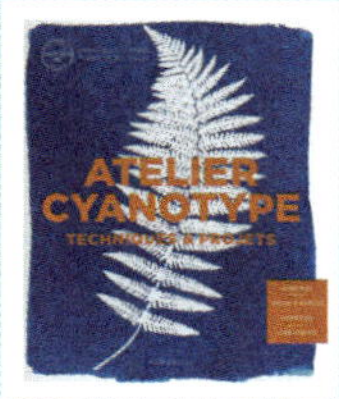

Atelier cyanotype : techniques et projets, *par Camille Soulayrol et Marie Vendittelli, éditions Marabout, 128 pages, 2022.*

« Le Kit cyanotypes » de Clairefontaine, contenant tout le nécessaire pour réaliser 30 planches au format A5.

INFINIE POÉSIE

Luc Deperrois, talentueux fleuriste de la Maison Stéphane Chapelle, sublime l'amaryllis dans une composition hérissée de branchages colorés. Démonstration.

PAR HUGUES DE BOISGALET • PHOTOS CLAIRE CURT

Les subtils mariages de fleurs et de matières sont la marque de fabrique de la Maison Chapelle. Pour rehausser les bouquets de fleurs empourprées de l'amaryllis, souvent relégué au rang de bulbe à fleur en pot, Luc Deperrois leur a adjoint des branchages colorés de cornouiller sanguin et de saule tortueux.

1/Dans un vase cylindrique, haut et transparent, disposer par douzaine un premier lot de branches à écorce noire du cornouiller 'Kesselringii', puis un second lot de vertes (cornouiller stolonifère).

2/ & 3/Insérer les deux premières hampes d'amaryllis en veillant à positionner les inflorescences à environ deux fois la hauteur du vase. Installer les trois suivantes à différents niveaux mais toujours proches des deux premières, afin de créer une voûte de fleurs.

4/La sixième et dernière tige, coupée plus court, est placée plus en dessous. Sa position nettement décalée donne à la composition toute son originalité. Terminer par insérer délicatement, parmi les inflorescences, quelques branches à écorce rouge du cornouiller sanguin et orange du saule tortueux, dont les ondulations contrastent avec la rigidité des cornouillers.

5/Astuce : Renforcer le maintien des hampes des amaryllis avec un rameau de cornouiller débarrassé des brindilles et bourgeons, simplement enchâssé dans le creux de la tige. Ficeler sa base à l'aide d'un fil de coton pour l'empêcher de se fissurer et de se recourber. Changer l'eau tous les deux jours.

stephane-chapelle.fr

Le programme pour ne rien manquer des travaux à faire au jardin

ILLUSTRATIONS MICHEL LOPPÉ

Et aussi…
- ***Semer un engrais vert sur les plates-bandes débarrassées des légumes.***
- ***Couper les fleurs fanées des rosiers.***
- ***Rentrer les cactées, palmiers et agrumes sous abri.***
- ***Bouturer les géraniums de collection et les plantes aromatiques.***

OBSERVER

Le staphylin noir ou staphylin odorant (*Ocypus olens*) est un insecte qui se nourrit de larves, chenilles ou vers. Il hiverne dans les murs. Comme lui, d'autres insectes auxiliaires recherchent à l'approche de l'hiver des branchages creux (sureau, deutzia), des bûches, des feuilles ou de la paille pour s'abriter du froid et de leurs prédateurs.

staphylin noir

PLANTATIONS ET ULTIMES RÉCOLTES

Jardin de fleurs : c'est le moment de diviser les plantes vivaces, de couper les hampes florales et les feuilles sèches puis de protéger le pied des espèces délicates (agapanthe, fuchsia).

Arbres et arbustes : la terre encore chaude de l'été est propice à l'installation des racines. C'est la bonne période pour planter les arbustes à fleurs, à feuillage persistant et les plantes grimpantes commercialisés en conteneur.

Jardin d'agrément : les feuilles se ramassent à la pelle, et plutôt que de s'en débarrasser mieux vaut les composter ou les utiliser comme paillis au pied des espèces frileuses.

Les plantes aquatiques gélives (lotus, laitue d'eau…) sont rentrées sous abri. Les premières gelées approchant, il est prudent de vidanger les réseaux d'arrosage, les systèmes de filtration et les jets d'eau décoratifs des bassins.

Jardin en pot : pour fleurir les abords de la maison et la terrasse, il est encore temps de planter les fleurs d'automne (pensée, bruyère, aster) et les bulbes printaniers (tulipe, narcisse, jacinthe).

Potager : les dernières récoltes s'achèvent (tomate, courge). L'arrivée des gelées blanches indique le moment de semer mâche, épinard, salades et radis d'hiver, et de planter les choux de printemps.

DERNIÈRES PLANTATIONS ET HIVERNAGE

Jardin d'intérieur : les plantes vertes vivent au ralenti et se contentent désormais d'un minimum d'eau et d'engrais. Le chauffage qui dessèche l'atmosphère des intérieurs impose de placer les pots sur un lit de gravier qui, régulièrement arrosé, maintient une ambiance humide.
Jardin de fleurs : c'est le moment de couper le feuillage sec des plantes vivaces, de décompacter le sol puis d'épandre un engrais organique et un généreux paillis à leur pied.
Arbres et arbustes : s'il fait froid, un voile d'hivernage autour des arbustes délicats (camélia, lavatère) sera le bienvenu. En climat doux, la taille des arbustes à floraison estivale (rosier, hibiscus) peut débuter. C'est le dernier moment pour planter les arbustes d'ornement, arbres et conifères.
Jardin en pot : les plantes à feuillage coloré (véronique, cinéraire) et à baies décoratives (skimmia, pernettya) se plantent maintenant pour agrémenter potées et jardinières. En pot, la terre sèche vite et demande un arrosage hebdomadaire.
Verger : c'est la période idéale pour planter les arbres fruitiers vendus à racines nues.
Potager : la baisse d'activité libère du temps pour ameublir et fertiliser le sol, réparer les outils et les équipements (tuteur, serre, tunnel).

Et aussi…

- ***Espacer les tontes et ramasser les feuilles mortes.***
- ***Protéger les poteries sensibles au gel.***
- ***Ranger et réviser le mobilier de jardin ainsi que les équipements pour cuisiner dehors.***

PLANTER

Les bulbes se plantent à diverses profondeurs. En général, il faut les enfouir sous deux fois leur diamètre de terre. Les perce-neige, muscaris, éranthes et crocus se plantent sous 4 à 8 cm de terre. Les tulipes botaniques, scilles, renoncules et jacinthes sont enterrées sous 10 à 15 cm de terre. Les narcisses et fritillaires se plantent à une profondeur de 15 à 20 cm.

Et aussi…

- *Diviser les aromatiques (ciboulette, menthe, marjolaine…).*
- *Couper les chaumes secs des graminées.*
- *Commencer à semer légumes d'été (tomate) et fleurs à massifs.*

RÉVISER LES OUTILS

En hiver, alors qu'il ne sert pas, l'outillage à main, électrique et à moteur est révisé : affûtage des lames, graissage des mécanismes et réparation des manches.
C'est aussi le moment de trier les graines et les produits périmés qui sont déposés en déchèterie.

L'HEURE EST À LA TAILLE

Arbres et arbustes : le repos de la végétation est la meilleure époque pour tailler les arbustes à floraison estivale, à feuillage décoratif et les plantes grimpantes. Après cette opération, décompacter la terre, épandre un engrais organique puis pailler le sol. C'est aussi le moment d'engager l'élagage des grands arbres.
Jardin en pot : le froid endommage les arbustes frileux dont il faut envelopper le pot avec un feutre de jardin et emballer le feuillage dans un voile d'hivernage. Ne pas oublier d'arroser le substrat, plutôt en milieu de journée s'il gèle.
Verger : la période de la taille de formation et d'entretien bat son plein, tant pour les arbres fruitiers à pépins et à noyaux que pour les lianes fruitières (kiwis, mûres et raisins) et les petits fruits. Il ne faut pas oublier de palisser les rameaux des sujets conduits en espalier.
Jardin d'agrément : c'est le dernier moment pour planter les bulbes (crocus, narcisse et tulipe botanique) en colonie dans la pelouse. L'hiver est aussi la période idéale pour réfléchir aux constructions et travaux d'embellissement du jardin (allée, pergola, clôture…).
Jardin d'intérieur : pour aider les plantes vertes à passer l'hiver sans encombre, les feuilles sont nettoyées avec un chiffon doux et humide.

Le saviez-vous ?
Les coccinelles dorment en hiver mais la chaleur des habitations peut les réveiller. Lors de journées ensoleillées, elles évoluent près des fenêtres, comme attirées par une forte envie de prendre l'air !

PLANTATIONS : C'EST LA REPRISE !

Jardin de fleurs : le retour des beaux jours s'accompagne du départ de la végétation, imposant la reprise des arrosages et le semis des plantes annuelles robustes (nigelle, souci, pavot de Californie).

Arbres et arbustes : la hausse des températures autorise la plantation des arbres tel le *Magnolia grandiflora* (fleur ci-contre), des arbustes, rosiers et conifères proposés en conteneur ou à racines nues. La taille des arbustes, rosiers, bordures et haies s'achève, comme l'élagage des arbres.

Jardin en pot : les essences hivernées sous abri (oranger, palmier) commencent à pousser et nécessitent l'apport d'un engrais organique et une reprise progressive des arrosages.

Verger : les arbres à noyaux fleurissent mais il est encore temps de terminer la plantation des arbres fruitiers à pépins, des arbustes à baies et des lianes fruitières.

Potager : le sol se réchauffe et permet les semis en pleine terre sous châssis ou tunnel des légumes primeurs (radis, épinard, navet, carotte et salade). Les tomates, aubergines, poivrons et céleris se sèment en caissette et de préférence sous serre ou dans une véranda.

Et aussi…

- ***Semer les nouvelles pelouses.***
- ***Tailler les arbustes à floraison hivernale.***
- ***Couper les fleurs fanées des bulbes précoces.***
- ***Rempoter les plantes vertes et reprendre les arrosages.***

L'ART DE LA TAILLE

Pour bien tailler un fruitier, il faut commencer par couper les rejets qui poussent sur le tronc, éclaircir le cœur de l'arbre en supprimant les branches qui se croisent, trop proches ou trop âgées, et celles orientées vers son centre. Il faut ensuite réduire d'un tiers celles qui poussent vers l'extérieur, en respectant une silhouette arrondie.

Et aussi…
- ***Replanter les tubercules hivernés de dahlia.***
- ***Nettoyer le bassin et réactiver jets d'eau et cascade.***
- ***Vérifier l'éclairage extérieur et rééquiper les aires de détente, de repas, de jeux et cuisine d'été avec mobilier, parasol et barbecue.***

PRÉCIEUX REPIQUAGE

Après un semis de graines dans une caissette, les jeunes plants sont à l'étroit pour poursuivre une croissance harmonieuse. Le repiquage s'impose et consiste à déterrer les plants pour les replanter dans un pot individuel. Ils bénéficient alors de plus de place pour développer racines et feuillage, ce qui les prépare au mieux à une plantation au jardin ou en pot sur une terrasse, environ 3 à 4 semaines plus tard.

LE MOIS OÙ L'ON SÈME !

Potager : la douceur revenue, il est possible de semer à l'extérieur les betteraves, radis, épinards et oignons et de planter les légumes de l'été (salade, bette, fève) ainsi que les tomates et les aromatiques. Seules les cucurbitacées (melon, potiron, concombre) sont encore semées sous abri et en pot en vue d'une plantation fin mai.
Jardin de fleurs : le sol est désormais suffisamment chaud pour les semis directs en massif de cosmos, centaurées, lavatères, mufliers et thlaspis, alors que les sauges, pétunias et verveines, un peu plus frileuses, sont semés sous abri. C'est la bonne période pour planter les fleurs et les bulbes de l'été.
Jardin en pot : les nombreuses fleurs à destination des vasques, suspensions et jardinières se plantent dès que les gelées blanches ne sont plus à craindre, période à laquelle les plantes d'orangerie (datura, laurier-rose) quittent leurs lieux d'hivernage, mais seulement après une phase d'acclimatation au plein air.
Jardin d'agrément : la pelouse, elle aussi, retrouve des couleurs grâce aux apports d'engrais et à la reprise des arrosages comme des tontes.

Le saviez-vous ?
« Pincer » définit l'action de couper, à l'aide du pouce et de l'index, l'extrémité d'une tige pour provoquer la formation de nombreuses autres pousses qui rendent la plantule plus buissonnante. Le pincement est complémentaire du repiquage.

Mai

TRAVAUX ET SOINS S'INTENSIFIENT…

Potager : à la mi-mai, jeunes plants et semis sont en place, le sol doit alors être sarclé, désherbé, fertilisé et arrosé. Il est encore possible de semer des haricots verts, épinards et salades et de planter les dernières tomates.

Verger : les fruits commencent à se former et demandent de généreux apports d'engrais et d'eau. La pose de pièges à phéromones permet de réguler les attaques de parasites.

Jardin de fleurs : les bisannuelles (pensée, myosotis) et les bulbes printaniers sont extraits de terre. Celle-ci est ameublie et enrichie de compost, prête à accueillir les fleurs de l'été. Les bulbes de printemps arrachés sont placés dans des caisses que l'on stocke à l'abri d'un local sombre, sec et aéré.

Jardin en pot : les dernières jardinières et potées sont plantées et installées à demeure. Les plumbagos, agapanthes et autres plantes exotiques, désormais acclimatés à l'extérieur, sont arrosés et nourris tous les mois avec un engrais organique.

Arbres et arbustes : dès le terme de la floraison des arbustes printaniers, il faut couper les rameaux défleuris, ameublir et pailler la terre.

Jardin d'agrément : en arrosant moins, on limite la pousse et on réduit la fréquence des tontes.

Le saviez-vous ?

Au verger, le phénomène de l'alternance concerne les arbres fruitiers – essentiellement à noyaux comme le prunier ou l'abricotier – qui, après une année de forte production de fruits, donnent peu voire aucun fruit l'année suivante.

Et aussi…

- ***Tuteurer les hampes florales des vivaces hautes.***
- ***Diviser les souches âgées de nénuphars.***
- ***Sortir les cactées et plantes grasses pour l'été.***
- ***Semer la coriandre, le basilic et l'aneth.***

À L'ÉTOUFFÉE

Le printemps est la période idéale pour réussir le bouturage.

Les rameaux d'une quinzaine de centimètres sont coupés sous un rang de feuille, puis débarrassés de celles de la base, et repiqués dans un pot rempli de terreau et de sable. Le tout est placé à l'étouffée, c'est-à-dire enveloppé dans un film plastique maintenant une atmosphère chaude et humide propice à l'enracinement.

L'HEURE DES PREMIÈRES RÉCOLTES

Potager : les cueillettes s'enchaînent mais il est encore temps de semer des salades, haricots verts et radis pour une récolte estivale. À cette saison, les tomates, aubergines et melons doivent être taillés pour limiter leur croissance et favoriser la formation de fruits. S'il fait chaud et sec, sarclage et paillage du sol sont conseillés !

Verger : trop nombreux, les jeunes fruits restent petits. Il est conseillé d'éclaircir pommes et poires pour ne garder que 8 à 12 fruits par mètre linéaire. C'est le moment de pratiquer la taille en vert de la vigne en coupant les pousses dès les deuxièmes feuilles situées après la dernière grappe.

Jardin de fleurs : les tiges des asters rabattues de moitié repoussent et gagnent en solidité, assurant une meilleure tenue des hampes florales sans tuteurs. C'est le moment de semer les ancolies, lupins, roses trémières et de bouturer les œillets.

Jardin en pot : le volume des contenants est réduit, ce qui impose un arrosage quotidien et un apport d'engrais toutes les 2 à 3 semaines.

Arbres et arbustes : les arbustes à floraison printanière finissent de fleurir, signe que le moment est venu de les tailler en supprimant les branches défleuries. Les plantations récentes doivent être arrosées quotidiennement.

Et aussi…

- ***Épointer l'extrémité des branches du figuier.***
- ***Bouturer les hortensias et les aromatiques.***
- ***Tailler et palisser les lianes des plantes grimpantes.***
- ***Enlever les algues vertes et lentilles d'eau sur les bassins.***

COUPER LES FLEURS FANÉES

Dès la fin de la floraison des vivaces, des rosiers ou des aromatiques comme la lavande (ci-dessous), les hampes défleuries et les fleurs fanées sont coupées pour éviter qu'elles s'épuisent à produire des graines au détriment de nouveaux boutons floraux prolongeant l'attrait décoratif. Couper juste au-dessus d'un rang de feuilles ou d'un bourgeon.

Le saviez-vous ?

Dès qu'un plant de melon possède 4 à 5 feuilles, il faut couper la tige principale au-dessus de la 2ᵉ feuille, puis couper à nouveau les nouvelles tiges qui se forment au-dessus de la 3ᵉ feuille. Fleurs et fruits s'épanouiront sur la 3ᵉ génération de tiges !

CONTRE LA SÉCHERESSE, PAILLEZ !

Arbres et arbustes : les à-coups de sec provoquent un stress hydrique qu'on atténue en maintenant un sol frais par un paillis épais de compost, de déchets de tonte et de taille, de feuilles ou de copeaux.

Jardin en pot : un arrosage abondant et quotidien, de préférence le soir, est un précieux soutien à la croissance et à la floraison des plantes cultivées en pot. Sitôt les fleurs fanées, il faut les couper et apporter un engrais organique dilué dans l'eau d'arrosage.

Potager : l'adage « un sarclage vaut deux arrosages » suggère de sarcler régulièrement la surface de la terre pour limiter la déperdition d'eau par évaporation dans l'atmosphère. Sous une ombrière, et malgré la chaleur, il est toujours possible de semer les radis d'automne, la mâche, les épinards, chicorées, laitues et choux de Chine.

Verger : les lianes fruitières (kiwi, vigne, mûre et passiflore) produisent des pousses qu'il faut contenir par une taille sévère. Les rameaux collectés comme ceux des cassissiers et des groseilliers se bouturent et s'enracinent aisément à cette époque.

Jardin d'agrément : en fin d'été, les systèmes de filtration des bassins, piscines et jets d'eau s'encrassent, nécessitant un nettoyage fréquent.

Et aussi…

- ***Diviser les iris.***
- ***Apporter un engrais aux camélias, rhododendrons et azalées.***
- ***Tailler les haies sitôt la nidification terminée.***
- ***Tailler les fruitiers conduits en espalier.***

BOUTURER DANS L'EAU

Au cœur de l'été, l'enracinement de simples fragments de tiges est quasi immédiat ! Une branche de géranium odorant, sauge, verveine citronnelle, lavande ou fuchsia de 10 à 15 cm, débarrassée des feuilles de sa base et plongée dans un verre d'eau, produit des racines au bout de 8 jours seulement !

Et aussi…

- *Semer les pavots de Californie, vipérines et bleuets.*
- *Espacer les tontes des pelouses.*
- *Bouturer l'estragon, la sauge et le romarin.*
- *Rentrer les cactées, plantes grasses et vertes ayant séjourné dehors en été.*

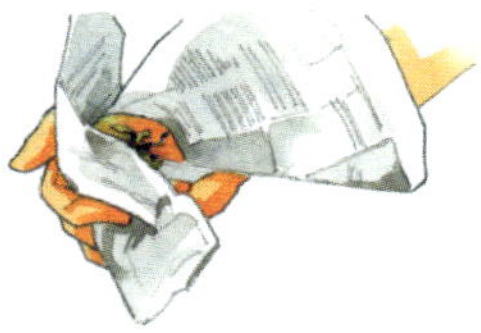

EMBALLÉ POUR MÛRIR

Même cueillies vertes, les tomates continuent de mûrir si chaque fruit est ramassé soigneusement puis individuellement emballé dans du papier journal et placé dans une caissette installée dans une pièce fraîche et aérée. L'obscurité provoque la maturation de la chair et la coloration de la peau dans les semaines qui suivent.

UN JARDIN GÉNÉREUX ET GRATIFIANT

Potager : les récoltes s'enchaînent avant les premiers froids et les légumes de garde (pomme de terre, céleri-rave, navet et betterave) sont, après arrachage, stockés en silo ou à la cave. La terre nue des parcelles récoltées est ensemencée d'un engrais vert ou de mâche et mesclun. C'est encore le moment de planter les choux, salades de printemps, oignons et les derniers poireaux

Jardin de fleurs : c'est la fin de la floraison des vivaces, dont les tiges et feuillages secs sont coupés au ras du sol. Les fleurs de l'été s'essoufflent, signe qu'il est temps de planter les bisannuelles (pensée, myosotis), ainsi que les bulbes printaniers.

Arbres et arbuste : c'est le début de la plantation des conifères et des arbustes cultivés en conteneur, profitant d'un sol encore tempéré de l'été pour s'enraciner.

Jardin en pot : les nuits fraîchissent, les plantes exotiques sont préparées à l'hivernage en coupant le feuillage et les branches excédentaires, en stoppant la fertilisation et en réduisant les arrosages.

Verger : à l'approche de la cueillette des raisins, pommes et poires, un effeuillage à proximité des fruits leur permet de bénéficier davantage de soleil pour mûrir.

Le saviez-vous ?

Pour conserver le raisin, couper un morceau de sarment avec la grappe et enfiler l'une des extrémités dans le goulot d'une bouteille remplie d'eau et additionnée d'un morceau de charbon de bois. Obturer le goulot avec de la cire et remiser l'ensemble dans un lieu sec, frais et aéré. Le raisin se conserve ainsi quelques semaines de plus.

Carnet de voyage

Dans ce guide régional des jardins et artisans, les sites présentés dans *Milieux* (en rouge) sont accompagnés, à la manière d'un carnet de voyage, des bonnes adresses alentour.

PAR HUGUES DE BOISGALET • ILLUSTRATIONS CHARLINE MOREAU

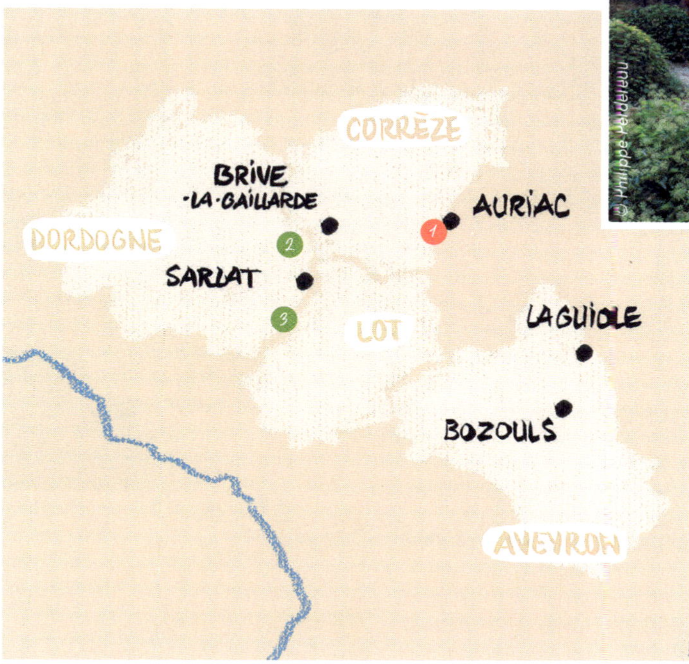

© Philippe Perdereau

DR.

OCCITANIE/NOUVELLE-AQUITAINE

JARDINS

1 AURIAC (12)

Les jardins Sothys [voir p. 10-21] sont le cadre idéal pour se ressourcer et se détendre en accord avec la philosophie de la marque. Que ce soit dans les jardins contemporains, qui s'animent au fil des saisons d'un programme culturel riche et varié, ou au restaurant gastronomique que dirige le chef Jean-Michel Salcedo, les expériences émotionnelles sont fortes. Quant aux produits de soins cosmétiques du groupe proposés à la boutique ou au gîte, la Maison des jardins, ils permettent de prolonger cette parenthèse de bien-être et de nature.

▪ ***Les jardins Sothys,***
19220 Auriac.
www.lesjardinssothys.fr
/lesjardinssothys/

2 TERRASSON-LAVILLEDIEU (24)

Les Jardins de l'imaginaire, créés en 1996 et labellisés « Jardin remarquable », offrent un beau panorama sur Vézère et s'étendent sur plus de 6 ha. Parfaitement intégrés dans le paysage périgourdin, 13 jardins se succèdent avec des lignes architecturales très contemporaines, imaginés par l'architecte paysagiste Kathryn Gustafson. Ils expriment au gré d'une déambulation libre l'histoire des jardins et les diverses manières dont l'homme dialogue avec la Nature.

▪ ***Les Jardins de l'imaginaire,***
24120 Terrasson-Lavilledieu.
www.jardins-imaginaire.com
/jardins_imaginaire/

3 CASTELNAUD-LA-CHAPELLE (24)

Le château des Milandes fut la demeure de Joséphine Baker, personnalité charismatique aux multiples talents ayant fait son entrée au Panthéon en 2021. Elle acquiert le château en 1947 et le quitte en 1969. Aujourd'hui propriété de la famille de Labarre, le château restauré et labellisé « Maisons des Illustres » accueille un musée dédié à la vie de l'artiste. Le jardin à la française, embelli en 2015, et le parc surplombant la Dordogne en font l'un des plus fameux sites du Périgord.

▪ ***Château et jardins des Milandes,***
24250 Castelnaud-la-Chapelle.
www.milandes.com
/chateaudesmilandes/

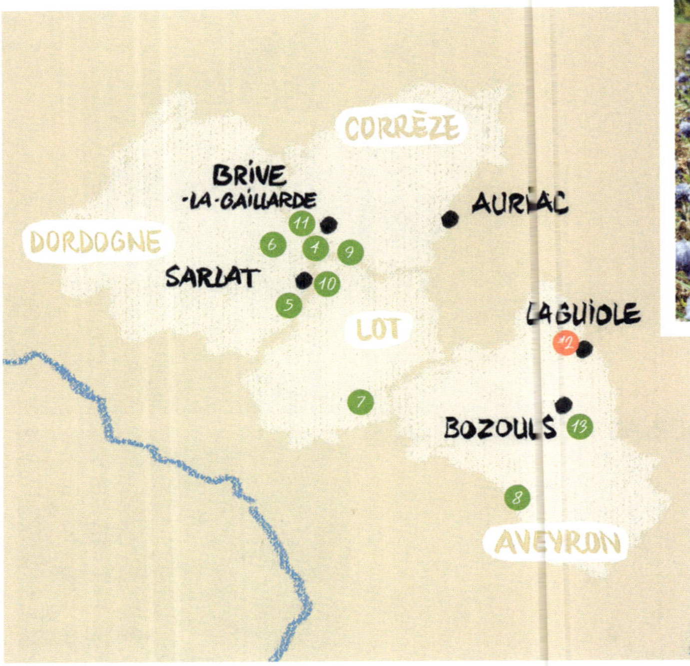

© BG/Rustica

© Jérome Morel

OCCITANIE/NOUVELLE-AQUITAINE *(SUITE...)*

4 SALIGNAC-EYVIGUES (24)

Les jardins du manoir d'Eyrignac s'articulant autour d'une demeure familiale périgourdine du XVIIe siècle sont, depuis 1987, parmi les plus spectaculaires jardins privés de France. Ils mettent en scène de manière magistrale plus de 300 topiaires d'ifs, de buis, de charmes et de lierre, véritables sculptures végétales façonnées, deux fois l'an, par une minutieuse taille manuelle. Roseraie, jardins de fleurs et de légumes complètent ce joyau à voir absolument!

▪ ***Les jardins du manoir d'Eyrignac, 24590 Salignac-Eyvigues.***
www.eyrignac.com
/eyrignac/

5 VÉZAC (24)

Les jardins suspendus de Marqueyssac, perchés sur un éperon rocheux, dévoilent l'un des plus impressionnants panoramas du Périgord sur la vallée de la Dordogne et ses châteaux. Le site classé comprend, autour d'un château couvert de lauzes datant du début du XIXe siècle, une succession de jardins romantiques et pittoresques émaillés de belvédères sur la rivière, et offre plus de 6 km de promenades bordées de 150 000 buis centenaires taillés à la main. Le tout est agrémenté de rocailles, de cabanes en bois et en pierres sèches, ainsi que d'une via ferrata qui ravira les visiteurs les plus téméraires.

▪ ***Les jardins suspendus de Marqueyssac, 24220 Vézac.***
www.marqueyssac.com
/marqueyssac/

PÉPINIÈRES

6 ROUFFIGNAC-SAINT-CERNIN-DE-REILHAC (24)

La Pépinière du lac des Joncs, tenue par Willy De Wilde depuis 2004, propose une belle gamme de plantes vivaces adaptées aux climats chauds et secs. On y trouve également une riche collection de graminées et d'hémérocalles.

▪ ***La Pépinière du lac des Joncs, 24580 Rouffignac-Saint-Cernin de-Reilhac.***
www.pepilacdesjoncs.com

7 ESCAMPS (46)

Les Senteurs du Quercy sont une pépinière née de la passion de Mélie Portal et Frédéric Prévot pour les plantes. En 2004, ils s'installent dans le Lot et se spécialisent dans la production de lavandes (70 espèces et cultivars), de sauges (plus de 100 espèces et cultivars), d'iris de jardin (1 000 cultivars). Cette collection d'iris est l'une des plus importantes de France. Ils cultivent en outre des plantes pour terrains secs, des vivaces et arbustes résistant au froid comme à la sécheresse.

▪ ***Les Senteurs du Quercy, 46230 Escamps.***
www.senteursduquercy.com
/lessenteursduquercyiris/

ARTISANS ET ARTISTES

8 RÉQUISTA (12)

Nichoirs & Compagnie réalise des logis à oiseaux et à insectes entièrement fabriqués à partir d'écorces de chêne-liège. Emmanuel Richy, amoureux de la nature, déniche des fragments d'écorce qu'il transforme, dans le respect des prescriptions de la LPO

© Éric Sander

DR.

11

DR.

DR.

13

© Lucas Delerry

12

(Ligue de la protection des oiseaux), en abris douillets et 100 % naturels.

▪ ***Nichoirs & Compagnie,***
12170 Réquista.
www.nichoirsetcompagnie.fr

SITES ET MONUMENTS

9 COLLONGES-LA-ROUGE (19)

La cité aux façades rouges, classée parmi « Les Plus Beaux Villages de France », est un bijou de petites ruelles médiévales, de castels et de tours fortifiées. Le grès utilisé est fortement chargé d'oxyde de fer, ce qui donne aux façades leur couleur emblématique.

▪ ***www.vallee-dordogne.com***
/valleedordogne/

10 SARLAT (24)

La capitale du Périgord noir est l'une des plus belles villes de France avec pas moins de 66 monuments classés à découvrir en arpentant un décor médiéval. La cité est aussi un haut lieu de la gastronomie et accueille de nombreuses manifestations gourmandes.

▪ ***www.sarlat-tourisme.com***
/sarlattourisme/

GASTRONOMIE ET HÉBERGEMENTS

11 TERRASSON-LAVILLEDIEU (24)

Le Moulin de l'imaginaire est une étape gourmande parfaite pour clore la visite des Jardins de l'imaginaire et de la ville. Installé dans un ancien moulin restauré, le restaurant jouit d'une terrasse suspendue au-dessus de la Vézère qui offre un point de vue remarquable sur la rivière. Après un brillant parcours, la cheffe Fabienne Eymard y propose une cuisine fine et gourmande en revisitant les mets traditionnels de son enfance passée dans le Limousin.

▪ ***Le Moulin de l'imaginaire,***
24120 Terrasson-Lavilledieu.
www.moulin-limaginaire.com
/lemoulindelimaginaire/

12 LAGUIOLE (12)

Le Suquet **[voir p. 94-95]** est un vaisseau qui surprend et défie le paysage, placé en équilibre entre terre et ciel. Ce lieu de vie alliant un restaurant et un hôtel, imaginé par Ginette et Michel Bras, est aujourd'hui dirigé par Véronique et Sébastien Bras, ce dernier officiant en cuisine. Les bâtisses du Suquet, dont les chambres épousent le relief du terrain, s'ouvrent sur l'Aubrac et abritent des jardins qui accueillent, en écho avec la nature environnante, des graminées, plantes vivaces et fleurs des champs.

▪ **Le Suquet,**
12210 Laguiole.
www.bras.fr
/brasofficiel/

13 BOUZOULS (12)

Les Terrasses de Majorac sont le projet un peu fou de Didier Danet, talentueux paysagiste parisien, et de son épouse Véronica. Ils ont quitté la capitale pour rénover de fond en comble une bâtisse de maître du XVIIIe siècle au cœur d'une campagne préservée. Face à un panorama exceptionnel incluant les monts d'Aubrac et dans un écrin paysagé et fleuri imaginé par Didier, la demeure aveyronnaise élégamment restaurée propose des gîtes accueillants et décorés avec goût.

▪ **Les Terrasses de Majorac,**
lieu-dit Majorac-Bas – Gillorgues
12340 Bouzouls.
www.lesterrassesdemajorac.fr
/lesterrassesdemajorac/

© Olivier Marchant

© Éric Sander

© Claude Pasquer

CENTRE–VAL DE LOIRE

JARDINS

1 CHAUMONT-SUR-LOIRE (41)

Le domaine de Chaumont-sur-Loire **[voir p. 30-39]** est un centre d'arts et de nature ouvert toute l'année, où créations paysagères et installations artistiques côtoient un patrimoine historique d'exception, auxquels s'ajoutent le Festival international des jardins (avril-novembre), les Botaniques (septembre), Quand fleurir est un art (octobre), ou les Conversations sous l'arbre, des rencontres intellectuelles jubilatoires avec des invités de marque (mars-novembre).

▪ ***Domaine de Chaumont-sur-Loire, 41150 Chaumont-sur-Loire. www.domaine-chaumont.fr***
/domainedechaumontsurloire/

2 CHANÇAY (37)

Le château de Valmer se situe au cœur d'un domaine viticole de 35 ha et d'un parc de 60 ha richement dotés de balustrades, statues, escaliers, fontaines et d'une chapelle troglodytique du XVIe siècle. Il abrite un exceptionnel potager conservatoire de 1 ha, créé par Alix de Saint Venant, qui rassemble des collections de légumes, de fleurs, de fruits et de cépages.

▪ ***Château de Valmer, 37210 Chançay. www.chateaudevalmer.com***
/chateaudevalmer/

3 CHAMBORD (41)

Le château de Chambord, à l'emblématique architecture Renaissance, est bien plus qu'un palais résidentiel ou un relais de chasse. Il accueille des jardins à la française, rénovés de façon spectaculaire en 2017, un potager productif, inspiré de la méthode du jardinier maraîcher québécois Jean-Martin Fortier, et un lieu d'hébergement de qualité au cœur d'un des plus prestigieux monuments historiques de France.

▪ ***Domaine national de Chambord, 41250 Chambord. www.chambord.org***
/chateaudechambord/

4 MONTLOUIS-SUR-LOIRE (35)

Le château de la Bourdaisière est un château-hôtel adossé à un potager abritant le Conservatoire national de la tomate, créé en 1998 par Louis Albert de Broglie, un jardin de dahlias, un verger et un parc ressuscitant l'esprit et le confort des grandes maisons des siècles passés.

▪ ***Château-hôtel de la Bourdaisière, 37270 Montlouis-sur-Loire. www.labourdaisiere.com***
/chateau_la_bourdaisiere/

5 CHÉDIGNY (37)

Le village-jardin de Chédigny est le seul village de France porteur du label « Jardin remarquable », grâce aux plus de 1000 rosiers et aux centaines d'arbustes et de vivaces qui embellissent ses rues. Un charmant jardin attenant au presbytère rassemble, dans un décor finement ciselé, la flore emblématique des jardins de curé.

▪ ***37270 Chédigny. www.chedigny.fr***
/chedigny.village.jardin/

6 CHEVERNY (41)

Le château de Cheverny, dont l'architecture a inspiré Hergé pour dessiner Moulinsart dans *Les Aventures de Tintin*, est ouvert toute l'année et

© Eric Sander

8

© M.-P. Morel

7

propose, dans un parc paysagé, pas moins de six jardins thématiques, de nombreux évènements festifs et une exposition permanente consacrée au célèbre reporter à la houppe et à Milou, son fidèle compagnon.

▪ *Château de Cheverny,*
41700 Cheverny.
www.chateau-cheverny.fr
/chateaucheverny/

GASTRONOMIE ET HÉBERGEMENTS

8 CHAUMONT-SUR-LOIRE (41)

Le Bois des chambres [voir p. 37-39] est pensé comme un hôtel d'arts et de nature. Ouvert toute l'année, il intègre le restaurant gastronomique le Grand Chaume, où officie le chef Guillaume Foucault en proposant, tous les soirs, une cuisine fine et authentique afin d'offrir une parenthèse gourmande et innovante aux visiteurs du domaine.

▪ *Hôtel-restaurant le Bois des chambres et le Grand Chaume,*
Queneau,
41150 Chaumont-sur-Loire.
www. leboisdeschambres.fr
/domainedechaumontsurloire/

7 CHEVERNY (41)

Les Sources de Cheverny proposent dans un écrin de verdure un ensemble de bâtiments historiques, tels que le chai, le château du Breuil du XVIIIe siècle ou d'anciennes longères de ferme, agrémentés aujourd'hui d'un hameau d'élégants cabanons contemporains. Côté parc, un lac bordé d'ajoncs et de vastes pâtures invite à la contemplation et à l'épicurisme. Une parenthèse de nature, de grands crus et de gourmandises gastronomiques pour lâcher prise et se ressourcer.

▪ *Les Sources de Cheverny,*
41700 Cheverny.
www.sources-cheverny.com
/lessourcesdecheverny/

ARTISANS ET ARTISTES

9 SAINT-ROMAIN-SUR-CHER (41)

Claude Pasquer [voir p. 22-29] a installé son tout nouveau jardin personnel au cœur de la Touraine méridionale. L'artiste jardinier y façonne la nature pour en faire un écrin adapté à ses œuvres, et expérimente de nouvelles manières de jardiner dans le respect de la flore et de la faune sauvages. Un paysage en constante évolution, immortalisé par le photographe Alexandre Petzold, qui accueille sur rendez-vous les amateurs d'art et de jardin.

▪ *Claude Pasquer, architecte paysagiste, sculpteur, enseignant.*
www.claudepasquer.com
/claude_pasquer/

▪ *Alexandre Petzold, photographe.*
www.alexandre-petzold.odexpo.com
/alexandre-petzold.odexpo.com/

PÉPINIÈRES

10 SOINGS-EN-SOLOGNE (41)

La pépinière Bourdillon, entreprise familiale depuis 1960, est spécialisée dans l'obtention, la multiplication et la production d'iris, dont elle possède une collection de plus 520 variétés. Elle produit également près de 400 variétés d'hémérocalles et des pivoines.

▪ *Bourdillon Iris,*
41230 Soings-en-Sologne.
www.bourdillon-iris.com

SITES ET MONUMENTS

11 AMBOISE (37)

Le château d'Amboise, édifié aux XVe et XVIe siècles, est la première résidence royale de la Renaissance française. Les hauts murs d'enceinte protègent des jardins, appartements royaux finement décorés et une chapelle abritant la tombe de Léonard de Vinci, dont la résidence, le Clos Lucé, se trouve non loin de là.

▪ *37400 Amboise.*
www.ville-amboise.fr
/chateau_amboise/

12 BLOIS (41)

Le château royal de Blois, bénéficiant d'une vue remarquable sur la Loire, offre à lui seul un condensé des grandes périodes architecturales françaises. En effet, plusieurs styles s'y côtoient : médiéval, gothique, Renaissance et classique. De nombreux espaces verts émaillent la cité, dont les jardins du Roy réaménagés en 1992 par le paysagiste Gilles Clément.

▪ *41000 Blois.*
www.blois.fr
/chateaudeblois/

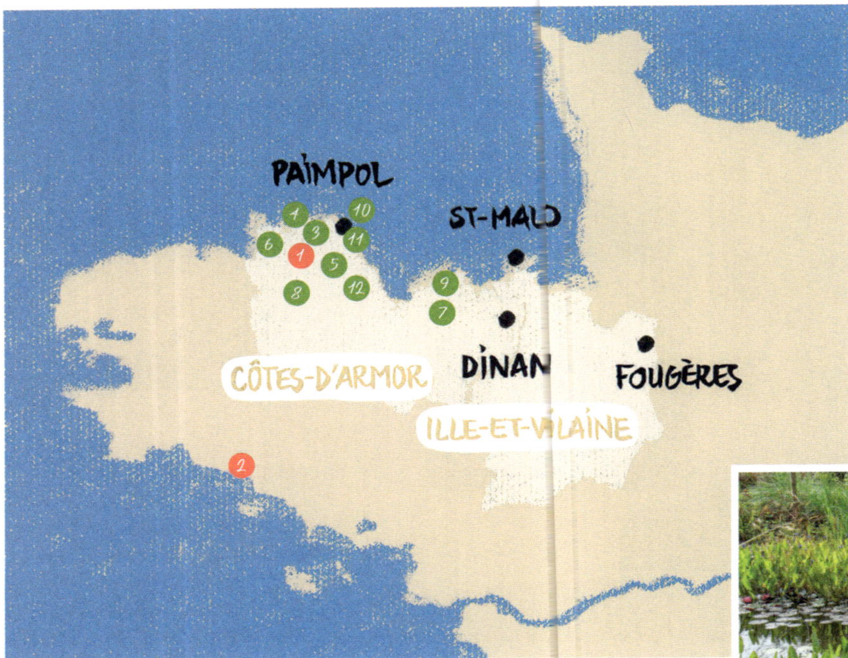

© Ch. Hochet / Rustica

© F. Marre / Rustica

BRETAGNE

ARTISANS ET PAYSAGISTES

1 TROGUÉRY (22)

L'Atelier Callarec [voir p. 10-21] que dirigent Pascal Callarec et Cécile, son épouse, s'attache à aménager des lieux de vie tout en jouant avec l'architecture paysagère. Que ce soit pour de vastes domaines ou des petites propriétés familiales, en milieu urbain, rural ou littoral, les deux paysagistes s'imprègnent du site et de son environnement, de l'architecture existante et des modes de vie des usagers pour concevoir un projet de jardin dont ils assurent, ensuite, le suivi de chantier.

▪ ***Atelier Callarec, Ar Vur,***
22450 Troguéry.
www.ateliercallarec.fr
/ateliercallarec/

2 CLOHARS-CARNOËT (29)

Erwan Tymen [voir p. 50-59], rejoint aujourd'hui par son fils Gurvan, considère que chaque jardin est une histoire différente qui s'inscrit dans la durée et qui s'écrit en trois temps. D'abord, en tant que lieu d'accueil, il précède la maison ; puis, il se transforme en lieu de vie, en jardin intime qui prolonge la maison ; enfin, cet espace est amené à transcrire la complicité entre le jardin et le paysage alentour. Ce décryptage guide tous leurs projets, qui ont donné lieu, à ce jour, à pas moins de 3 000 plans de jardin réalisés.

▪ ***Erwan Tymen et Gurvan Tymen, paysagistes.***
29360 Clohars-Carnoët.
www.erwantymen.com

JARDINS

3 TRÉGUIER (22)

Les jardins de Kerdalo, nés de l'imagination artistique et de la passion botanique du prince Peter Wolkonsky (1901-1997), sont l'un des plus fameux jardins privés de France. Dans un vallon et au fil d'un cours d'eau s'égrènent des jardins thématiques émaillés de fabriques, le plus souvent réalisées par le prince Wolkonsky lui-même, et une flore venue des quatre coins du monde. En 2021, Le créateur et artiste Christian Louboutin a repris les destinées de ce jardin remarquable.

▪ ***Les jardins de Kerdalo,***
22220 Trédarzec.
www.lesjardinsdekerdalo.com
/les.jardins.de.kerdalo/

4 PENVENAN (22)

Le jardin de Pellinec est l'œuvre de Gérard Jean, un jardinier passionné de botanique qui, dès 1997, dessine un premier jardin autour de sa maison qu'il restaure avec goût. Depuis s'ensuit une succession de jardins thématiques, comme le jardin exotique, anglais, austral ou himalayen, qui portent la superficie de ce jardin d'exception à 7 ha, réunissant plus de 2 450 variétés de plantes.

▪ ***Le jardin de Pellinec,***
22710 Penvénan.
www.le-jardin-de-pellinec.fr

5 PLOUEC-DU-TRIEUX (22)

Le jardin de Kerfouler rassemble un peu plus de 15 jardins imaginés par Erwin Straalman et Hanneke Van Nuland, sur seulement 1 ha. Du patio marocain au jardin zen, en passant par des ambiances colorées, baroques, romantiques, contemporaines et exotiques, tous sont agrémentés de plantes

exotiques, dont l'acclimatation est possible grâce à l'influence du Gulf Stream.

▪ ***Les Jardins de Kerfouler,***
22260 Plouëc-du-Trieux.
www.les-jardins-de-kerfouler.frer.fr
/les_jardins_de_kerfouler_/

PÉPINIÈRES

6 PLEUMEUR-BODOU (22)

Lepage Bretagne « Bord de mer » est une pépinière émanant des établissements Lepage à Angers (49). Le site breton produit plus de 5 000 références de plantes et arbustes adaptés aux jardins côtiers. Beaucoup sont mis en scène dans un jardin attenant, source d'inspiration évoluant au fil des saisons, et qui accueille des artistes et leurs œuvres.

▪ ***Pépinière Lepage « Bord de mer »,***
22560 Pleumeur-Bodou.
www.pepiniere-bretagne.fr
/pepinieres_lepage/

7 LAMBALLE (22)

La Pépinière du Penthièvre, fondée par Élodie et Sébastien Abbé, produit une gamme de végétaux de bord de mer et de plantes rares et originales. En 2016, le couple a repris le Jardin d'eau, une pépinière spécialisée dans les plantes aquatiques.

▪ ***Pépinière du Penthièvre***
et le Jardin d'eau,
22400 Lamballe.
www.pepinieredupenthievre.com
www.lejardindeau.com

8 LOUARGAT (22)

La pépinière Vert'Tige, créée par Aurélie et Maxime Van De Sande, deux pépiniéristes et jardiniers passionnés de plantes rares, acclimate et produit des végétaux peu courants venus du monde entier. Un jardin d'expérimentation et d'inspiration permet de découvrir les espèces proposées dans leur catalogue.

▪ ***Pépinière Vert'tige,***
22540 Louargat.
www.pepinierevert-tige.fr
/jardin.et.pepiniere.vert.tige/

9 HÉNANSAL (22)

Fleurs et Senteurs sont une pépinière spécialisée dans les sauges herbacées ou arbustives, hybrides ou botaniques, dont la collection est labellisée par le CCVS (Conservatoire des collections végétales spécialisées). Cathy et Sébastien Bernabé y produisent plus de 600 espèces.

▪ ***Fleurs et Senteurs,***
22400 Hénansal.
www.aspeco.net/fleurs-et-senteurs

10 ÎLE-DE-BRÉHAT (22)

La Pépinière de l'île de Bréhat, installée sur l'île homonyme, mérite le voyage tant pour découvrir la flore de l'île, si justement surnommée « l'île aux fleurs », que la gamme de végétaux cultivés par Laurence et Charles Blasco. Leur catalogue propose des plantes vivaces et des arbustes originaires de Madère, des Canaries, d'Australie, d'Afrique du Sud et de Nouvelle-Zélande, et des collections d'agapanthes et d'échiums labélisées par le CCVS.

▪ ***Pépinière de l'île de Bréhat,***
22870 Île-de-Bréhat.
www.pepiniere-brehat.com

SITES ET MONUMENTS

11 PAIMPOL (22)

L'abbaye de Beauport, située dans une anse protégée de la baie de Paimpol, est un ensemble monastique, témoin de l'architecture religieuse en Bretagne. Le site présente également, dans un milieu préservé, une biodiversité exceptionnelle.

▪ ***Abbaye de Beauport,***
22500 Paimpol.
www.abbayebeauport.com
/abbaye_de_beauport/

GASTRONOMIE ET HÉBERGEMENTS

12 PLÉLO (22)

Au Char à bancs est la ferme-auberge de la famille Lamour, dirigée par Jeanne-Noelle, Céline et Louise, les trois sœurs Lamour. Dans un cadre bucolique, elles proposent la traditionnelle potée, concoctée avec des légumes issus du potager, des galettes et crêpes. À proximité, la Maison des Lamour offre gîtes et chambres d'hôtes.

▪ ***Au Char à bancs et***
la Maison des Lamour,
Moulin de la ville Geffroy,
22170 Plélo
www.aucharabancs.com
www.lamaisondeslamour.com
/aucharabancs/

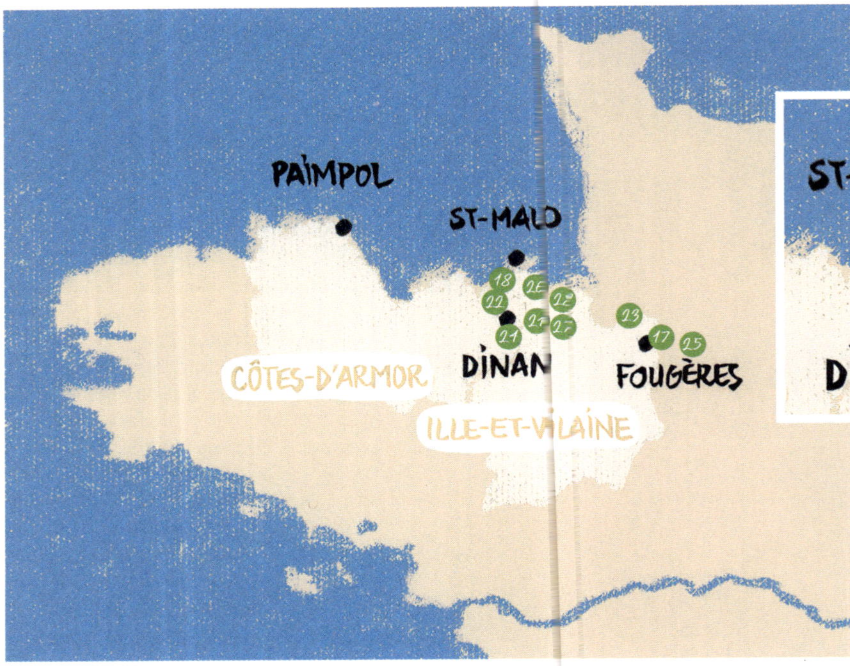

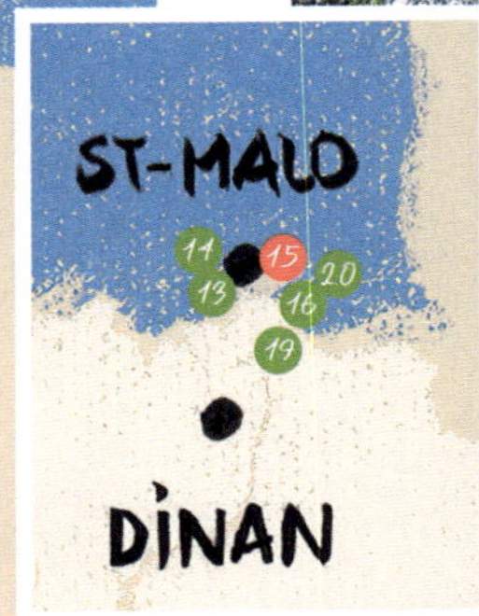

BRETAGNE *(SUITE...)*

GASTRONOMIE ET HÉBERGEMENTS

13 SAINT-MALO (35)

La Maison du sarrasin dispose de deux lieux où déguster et acquérir les produits déclinés de la graine iconique de l'établissement. Le Salon de thé permet de savourer les créations de la pâtissière Mayumi Okusa, ainsi que les crêpes ou les galettes de sarrasin de Bertrand Larcher. Tout près, l'Épicerie présente les produits issus du sarrasin.

▪ ***La Maison du Sarrasin,***
le Salon de thé et l'Épicerie,
35400 Saint-Malo.
www.lamaisondusarrasin.fr
/lamaisondusarrasin/

14 SAINT-MALO (35)

Le Comptoir Breizh Café propose, sous divers menus originaux et ponctués de touches japonaises, les recettes emblématiques de Bertrand Larcher à base de sarrasin, accordées à une sélection de cidres locaux.

▪ ***Le Comptoir Breizh Café,***
35400 Saint-Malo.
www.breizhcafe.com
/breizhcafe_fr/

15 SAINT-COULOMB (35)

La Ferme Breizh Café [voir p. 78-87] est l'exploitation sur laquelle Bertrand Larcher produit, dans le respect des valeurs environnementales et agricoles bretonnes, le sarrasin bio et les pommes destinés à ses divers établissements. À la belle saison, un *food container* permet de déguster, en plein air, les produits de la maison.

▪ ***La Ferme Breizh Café,***
35350 Saint-Coulomb.
www.breizhcafe.com
/fermebreizhcafe/

16 CANCALE (35)

La Table Breizh Café est un restaurant étoilé complétant et prolongeant le voyage au cœur de l'univers du sarrasin, sous la houlette du chef Raphaël-Fumio Kudaka. Juste au-dessus, les Chambres du Breizh café, s'inspirant des auberges traditionnelles japonaises, offrent une vue imprenable sur la baie du Mont-Saint-Michel.

▪ ***Table et Chambres Breizh Café,***
35260 Cancale.
www.breizhcafe.com
/breizhcafe_fr/

17 FOUGÈRES (35)

La Maison du sarrasin propose ses emblématiques crêpes et galettes au sarrasin, opérant ainsi, à deux pas du château médiéval, un retour aux sources du fondateur de la maison, le Fougerais Bertrand Larcher.

▪ ***La Maison du sarrasin,***
35300 fougères.
www.breizhcafe.com

18 DINARD (35)

Vent de vanille est une pâtisserie qui surplombe la plage de Dinard et fabrique des glaces aux épices Roellinger, des sorbets aux fruits de saison et des mille-feuilles, eux-mêmes confectionnés sous vos yeux.

▪ ***Vent de vanille,***
35800 Dinard.
www.maisons-de-bricourt.com
/ventdevanille/

19 SAINT-MÉLOIR-DES-ONDES (35)

Le château Richeux abrite Le Coquillage, où officie le chef Hugo Roellinger, récompensé par deux étoiles au guide Michelin en 2019, une étoile verte en

25

26

2020 et auréolé du titre de cuisinier de l'année 2022 par le Gault et Millau. Sa cuisine subtile et raffinée associe aux produits du terroir des algues et les meilleures épices. Plusieurs hébergements (hôtel, ferme du vent et gîtes marins) prolongent l'immersion dans le monde de la famille Roellinger.
▪ ***Château Richeux,***
hôtel Relais & Château,
35350 Saint-Méloir-des-Ondes.
www.maisons-de-bricourt.com
/hugoroellinger/

20 CANCALE (35)

La Maison du voyageur est le cœur battant des Maisons de Bricourt, là où Olivier Roellinger a débuté et excellé en cuisine. Aujourd'hui, le lieu abrite une cuisine-laboratoire des épices où sont élaborés puis conditionnés les mélanges qui font la renommée des épices Roellinger.
▪ ***La Maison du voyageur,***
35260 Cancale.
www.epices-roellinger.com
/epicesroellinger/

JARDINS

21 BAZOUGES-LA-PÉROUSE (35)

Le château de la Ballue s'illustre de jardins remarquables, hissant la taille des végétaux au rang d'art. Les topiaires jalonnant le jardin à la française installé sur la terrasse du XVIIe siècle, comme les pins de Monterey bénéficiant d'une taille de transparence, composent le premier plan d'un panorama époustouflant sur la vallée du Couesnon. Le château abrite également des chambres d'hôtes de prestige.
▪ ***Château de la Ballue,***
35560 Bazouges-la-Pérouse.
www.laballuejardin.com
/chateaudelaballue/

22 PLEURTUIT (35)

Le domaine du Montmarin est une élégante malouinière du XVIIIe siècle, nichée dans un écrin de verdure de 6 ha réunissant un jardin à la française, des rocailles méditerranéennes, un potager clos et des terrasses offrant de beaux points de vue sur la Rance.
▪ ***Domaine du Montmarin,***
35730 Pleurtuit.
www.domaine-du-montmarin.com
/domainedumontmarin/

23 LE CHATELLIER (35)

Le parc botanique de haute Bretagne présente plus d'une vingtaine de jardins thématiques. Des plantes de terre de bruyère au printemps, aux silhouettes et écorces décoratives en hiver, en passant par les hortensias en été ou les feuillages flamboyants de l'automne, chaque saison présente un intérêt paysager, botanique et floral.
▪ ***Parc botanique de haute Bretagne,***
château de la Foltière,
35133 Le Chatellier.
www.jardinbretagne.com
/parc_botanique_haute_bretagne/

24 PLEUGUENEUC (35)

Le domaine de la Bourbansais réunit un château, ses jardins et un parc animalier, où vivent en semi-liberté plus de 60 espèces d'animaux. Le parc accueille, au printemps et en automne, une fête des plantes et, en été, l'Université de l'intelligence animale organisée par la journaliste Yolaine de La Bigne.
▪ ***Parc zoologique et***
château de la Bourbansais,
35720 Pleugueneuc.
www.labourbansais.com
/domainedelabourbansais/

25 LA PELLERINE (53)

Le jardin de la Pellerine se trouve aux portes de la Bretagne, et il serait dommage de ne pas s'y arrêter ! Créé par Sylvie et Alain Douinot, cet élégant écrin de 2,5 ha regroupe une succession de jardins de divers styles harmonieusement agencés et plantés de vivaces et d'essences rares.
▪ ***Le jardin de la Pellerine,***
53220 La Pellerine.
www.lejardindelapellerine.com

PÉPINIÈRES

26 SAINT-MÉLOIR-DES-ONDES (35)

Les Roses de la Côte d'Émeraude multiplient et produisent des plants de rosiers et des roses pour la fleur coupée depuis 1999. Leurs variétés sont issues des catalogues des meilleurs obtenteurs français, tel Michel Adam, dont les obtentions se distinguent par le parfum, la robustesse et la résistance aux maladies.
▪ ***Les Roses de la Côte d'Émeraude,***
35350 Saint-Méloir-des-Ondes.
www.rose-emeraude.fr

27 BAZOUGES-LA-PÉROUSE (35)

Le Jardin d'herbes est une pépinière spécialisée dans la multiplication et la production de graminées, dont la collection compte plus de 250 espèces. En parallèle, cette pépinière familiale cultive des plantes aromatiques et des plants de légumes issus de semences reproductibles.
▪ ***Le Jardin d'herbes,***
35560 Bazouges-la-Pérouse.
www.le-jardin-d-herbes.fr

28 SAINT-OUEN-LA-ROUERIE (35)

La pépinière AOBA, dirigée par Cédric Basset et Manon Rivière, propose plus de 6 000 variétés et pas moins de 9 collections labellisées par le CCVS (*Epimedium, Polygonatum, Asarum*...). Les pépiniéristes se sont spécialisés dans les espèces botaniques d'origine asiatique, les plantes d'ombre et les grimpantes, et parmi elles certaines sont inédites en Europe.
▪ ***Pépinière AOBA,***
35460 Saint-Ouen-la-Rouerie.
www.pepiniere-aoba.com
/aoba_pepiniere/

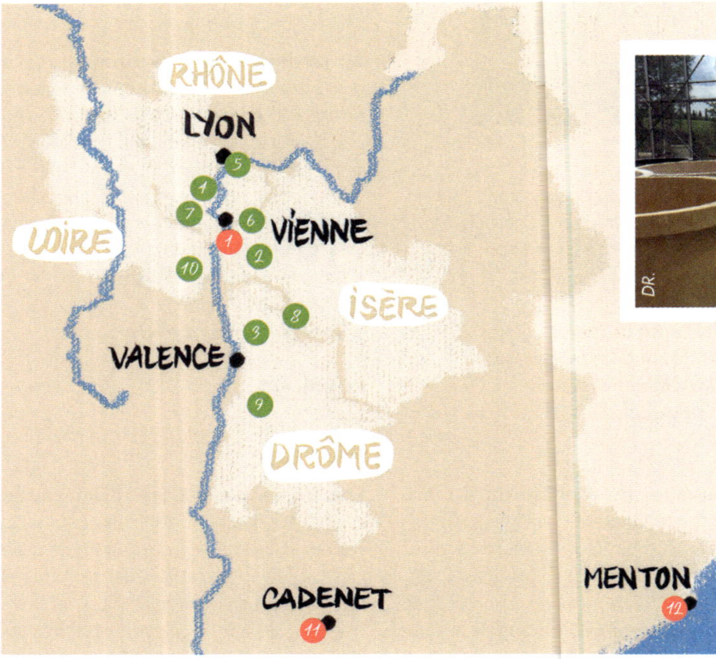

DR.

© Ch. Hochet / Rustica

© Ch. Hochet / Rustica

AUVERGNE/RHÔNE-ALPES/CÔTE D'AZUR

ARTISANS

1 LES CÔTES-D'AREY (38)

L'Orangerie [voir p. 70-75], la fabrique de pots d'Isabelle et Olivier Giroud, est installée dans un ancien corps de ferme rénové surplombant la vallée du Rhône. Dans cet atelier familial, les pots aux multiples formes, en terre naturelle ou émaillée, sont tous fabriqués à la main et à l'unité. Issus de la pratique d'un atelier de sculpture, ces objets, reconnus pour leur ligne contemporaine, révèlent le végétal et sont pensés pour se fondre dans l'architecture des lieux.

▪ ***L'Orangerie,***
38138 Les Côtes-d'Arey.
www.lorangerie.fr
/lorangerie.pots.de.jardin/

JARDINS

2 VERNIOZ (38)

Le jardin du Bois-Marquis est un arboretum né de la passion de Christian Peyron pour les arbres. Dès 1980, il plante des sujets sélectionnés pour leur rareté et leur attrait décoratif (écorce, feuillages, silhouette). Aujourd'hui, arbres et arbustes composent un ensemble paysager de plus de 5 ha digne des plus réputés arboretums nationaux, avec un étang de 7 500 m². Le jardin est ouvert toute l'année, et il accueille la Fête des plantes le 3ᵉ week-end d'octobre, se parant de couleurs spectaculaires.

▪ ***Le jardin du Bois-Marquis,***
38150 Vernioz.
www.lejardinduboismarquis.com

3 BEAUMONT-MONTEUX (26)

Le jardin Zen créé en 1973 par Éric Borja (1941-2022) est une création inspirée des jardins japonais et méditerranéens. Installée dans la Drôme sur près de 4 ha, l'œuvre majeure de l'artiste plasticien et sculpteur, qui est à l'origine d'autres réalisations comme le vallon du Dragon à la bambouseraie en Cévennes à Générargues (30), fait référence dans l'art des jardins d'inspiration japonaise en France.

▪ ***Jardin Zen d'Éric Borja,***
26600 Beaumont-Monteux.
www.erikborja.fr
/jardinzenerikborja/

4 CHARLY (69)

Le Centre de ressources de botanique appliquée (CRBA) est l'une des 12 stations de l'Institut Nicolaï-Vavilov de Saint-Pétersbourg dans le monde. Sur les 11 ha de la ferme Melchior, sa mission est de collecter, sauvegarder et conserver, sous forme de semences, le patrimoine génétique horticole et maraîcher lyonnais et français.

▪ ***Centre de ressources de botanique appliquée (CRBA),***
69390 Charly.
www.crba.fr
/ferme.melchior.crba/

5 LYON (69)

Le Jardin botanique de Lyon est l'un des plus grands jardins municipaux de France. Il abrite de nombreuses collections végétales, dont 9 sont labellisées par le Conservatoire des collections végétales spécialisées (CCVS). Elles occupent 8 ha de serres et de jardins.

▪ ***Jardin botanique de Lyon,***
parc de la Tête-d'Or,
69009 Lyon.
www.jardin-botanique-lyon.com
/jardin_botanique_de_lyon/

© E. Brenckle/Rustica

© Lucas Delerry

© E. Brenckle/Rustica

PÉPINIÈRES

6 VIENNE (38)

La pépinière Sempervivum & Cie que dirige Franck Poly est spécialisée dans la culture des sempervivums, joubarbes, sédums, opuntias et autres plantes succulentes rompues à la sécheresse et au manque d'eau. Depuis peu, le pépiniériste a acquis la pépinière Santonine, spécialisée dans la production de plantes aquatiques.

▪ ***Sempervivum & Cie,***
38200 Vienne.
www.sempervivum-et-cie.com
www.santonine.fr
/sempervivum_et_cie/

7 CHABANIÈRE (69)

La roseraie Ducher est dirigée par Florence et Fabien Ducher, sixième génération de cette dynastie de rosiéristes français. En plus de leur catalogue, dont certaines variétés comme 'Mademoiselle Cécile Brunner' connaissent un succès mondial, ils créent et produisent de nouvelles variétés répondant aux contraintes actuelles des jardins et des jardiniers.

▪ ***Roseraie Ducher,***
Saint-Maurice-sur-Dargoire,
69440 Chabanière.
www.roseraie-ducher.com
/roseraieducher/

8 PARNANS (26)

La pépinière Arom'Antique est spécialisée dans la production de plantes aromatiques et médicinales, des plus courantes au plus rares. Les fondateurs, Katia et Laurent Bourgeois, en cultivant ainsi plus de 400 espèces et variétés préservent un patrimoine végétal de goûts et de parfums appréciés des jardiniers amateurs, tout comme des plus grands chefs étoilés.

▪ ***Arom'Antique,***
26750 Parnans.
www.plantearomatique.com

9 CREST (26)

Les Pivoines Rivière, bénéficiant d'une renommée mondiale, créent, multiplient et cultivent des pivoines depuis six générations. Aujourd'hui, Jean-Luc Rivière propose une gamme de plus de 750 variétés arbustives et herbacées, ainsi que des pivoines itoh hybrides.

▪ ***Pivoines Rivière,***
26400 Crest.
www.pivoinesriviere.com

10 SAINT-APPOLINARD (42)

La pépinière Olivier Cazeneuve propose plus de 1000 espèces et variétés de plantes vivaces, dont une importante sélection d'espèces adaptées à la sécheresse, telles que des cistes, phlomis, sédums ou sauges, ainsi qu'une collection d'euphorbes.

▪ ***Plantes vivaces Olivier Cazeneuve,***
Le Curthil,
42520 Saint-Appolinard.
www.plantesvivaces.frs.fr

GASTRONOMIE ET HÉBERGEMENT

11 CADENET (06)

La Fenière [voir p. 92-93] est une auberge familiale où se sont succédé trois générations de femmes cuisinières. Après Reine Sammut, sa fille Nadia y concocte aujourd'hui une cuisine libre, vivante et vibrante qui nourrit *« corps et âme »,* selon ses dires. L'auberge jouxte un hôtel de 11 chambres à l'esprit minimaliste, donnant sur l'oliveraie de la propriété.

▪ ***La Fenière, Lourmarin***
84160 Cadenet.
www.aubergelafeniere.com
/aubergelafeniere/

12 MENTON (06)

Le restaurant Mirazur [voir p. 90-91] et son chef triplement étoilé Mauro Colagreco proposent une cuisine inspirée par la mer et la montagne, mais aussi les fruits, légumes, fleurs et herbes cultivés dans ses propres jardins. Le lien très fort que le chef entretient avec la terre, la nature et les astres rythme ses créations et s'illustre dans ses assiettes, aussi picturales qu'audacieuses, et toujours sublimes.

▪ ***Restaurant Mirazur,***
06500 Menton.
www.mirazur.fr
/restaurantmirazur/

Notez ici vos bonnes adresses

FONDATION D'ENTREPRISE RUSTICA :
agir pour la transition écologique des jardins et paysages

Créée en 2020, la Fondation d'entreprise Rustica a pour objectif de participer à la transition écologique à travers les pratiques de jardinage et l'aménagement paysager, domaine d'expertise de Rustica depuis 1928. Elle souhaite ainsi accompagner le grand public comme les parties prenantes de l'écosystème des jardins et paysages dans des pratiques plus respectueuses de l'environnement.

Elle se donne trois missions principales :

Former

Accompagner et éduquer le jardinier expert ou néophyte dans ses préoccupations écologiques quotidiennes et sensibiliser le grand public aux enjeux de l'utilisation de méthodes de culture durables.
Pour ce faire, nous mobilisons un réseau d'experts partageant notre vision et nos valeurs pour proposer des formations et des contenus pédagogiques accessibles à tous.

Soutenir

La Fondation a pour vocation d'accompagner les initiatives citoyennes en faveur d'une approche plus durable du jardin et des paysages, quels que soient les milieux.
Elle soutient financièrement des projets concrets, des expérimentations qui permettent, à leur échelle, de développer la transition écologique de l'agriculture, du jardinage et du paysage.

Contribuer à enrichir les connaissances

L'enrichissement des connaissances scientifiques et l'accumulation des preuves d'efficacité du jardinage au naturel sont des points clés pour inscrire de nouvelles pratiques dans la durée. Nous y participons en soutenant la recherche et le partage des enseignements, à travers la production et la mise à disposition de propositions, d'actualités, d'actes de colloques, de points de vue, outils...

Pour en savoir plus : www.fondation-rustica.org

Milieux

LE MEILLEUR DE LA TERRE

N°01

RUSTICA S.A.

Siège social : 57, rue Gaston-Tessier, CS 50061, 75166 Paris Cedex 19.
Bureaux : 32, av. Pierre-Grenier, 92100 Boulogne-Billancourt. Standard : 01 53 26 33 00.

DIRECTION

PRÉSIDENT-DIRECTEUR GÉNÉRAL DE LA SOCIÉTÉ RUSTICA S.A. ET DIRECTEUR DE LA PUBLICATION — VINCENT MONTAGNE
DIRECTRICE GÉNÉRALE — CAROLINE THOMAS

RÉDACTION

DIRECTEUR DES RÉDACTIONS — ALAIN DELAVIE
RÉDACTEUR EN CHEF — PIERRE NESSMANN
DIRECTRICE ARTISTIQUE — CÉCILE CHRISTOPHE
SECRÉTAIRE DE RÉDACTION — TAÏNA GRASTILLEUR
ASSISTANTE DE LA RÉDACTION — MUNEERAH SHAMSUDINE Tél. : 01 53 26 32 82

CONTRIBUTEURS

AUTEURS — NATHALIE DEGARDIN, LUCAS DELERRY, HUGUES DE BOISGALET, JEAN-MICHEL GROULT, CÉCILE PAPAPIETRO-MATSUDA, CLÉOPHÉE DE TURCKHEIM
PHOTOGRAPHES — CLAIRE CURT, LOUIS-LAURENT GRANDADAM, FRANCK HAMEL, PHILIPPE PERDEREAU, ALEXANDRE PETZOLD, JULIEN MOTA, ILLÉS SARKANTYU
ILLUSTRATEURS — DAVID LANASPA, MICHEL LOPPÉ, CHARLINE MOREAU

REMERCIEMENTS

LAURE ALINE, MICHEL ET SÉBASTIEN BRAS, JEAN-LUC BRENDEL, PASCAL ET CÉCILE CALLAREC, SÉVERIN CASSAN, STÉPHANE CHAPELLE, MAURO COLAGRECO, CHANTAL COLLEU-DUMOND, LUC DEPERROIS, XAVIER EMMANUELLI, PASCAL GARNIER, ISABELLE ET OLIVIER GIROUD, MARIANNE JAMES, BERTRAND LARCHER, YOYO MAEGHT, JEAN MUS, LOREDANA NEMES, CLAUDE PASQUER, NADIA SAMMUT, CAMILLE SOULAYROL, ERWAN ET GURVAN TYMEN, ALIX DE SAINT-VENANT, MARIE VENDITTELLI. AURORE NGUYEN, KARINE ISRAËL, MARC BEGUIN.

RÉGIE PUBLICITAIRE

DIRECTRICE COMMERCIALE B2B — LAURENCE GABOURY l.gaboury@cambium-media.com
DIRECTEUR DE PUBLICITÉ — THIERRY VIMAL DE FLECHAC t.vimaldeflechac@cambium-media.com
DIRECTEURS DE CLIENTÈLE — JULIE FOULONNEAU j.foulonneau@cambium-media.fr, ANTOINE ZOUAGHI a.zouaghi@cambium-media.fr
RESPONSABLE ADMINISTRATION DES VENTES — KATTIA DIEUDONNÉ k.dieudonne@cambium-media.com

DIFFUSION/MARKETING

DIRECTRICE MARKETING BtoC — ANNE-SOPHIE SALAMON a.salamon@cambium-media.com
RESPONSABLE DES VENTES ET CONTACT DIFFUSEURS — OLIVIER BLOCHET o.blochet@cambium-media.com
COMMUNICATION — AGENCE THINK+ SIMONE BOURGAREL think@bourgarel.eu

FABRICATION

FABRICATION — CPE/CLAUDE PEDRONO
PHOTOGRAVURE — KEY GRAPHIC
IMPRESSION — POLLINA - LUÇON - FRANCE

HORS-SÉRIE Rustica

Dépôt légal octobre 2023 — Vente au numéro MLP. Commission paritaire : n° 0228 K 82753 — ISSN n° 2270-1915. ISBN n° 9782914961486.
Papier 100 % PEFC. Provenance papier intérieur : Espagne. Taux de fibres recyclées : 0 %. Impact sur l'eau : Ptot 0,21.
Dans le cadre de la loi sur l'économie circulaire, nos magazines sont imprimés avec des encres "blanches".

PEFC 10-31-2065